APRENDIENDO DE LOS MEJORES FILMS

APRENDIENDO DE LOS MEJORES FILMS

Tu desarrollo personal es el protagonista
de tu excelencia profesional

JESÚS MANUEL GÓMEZ PÉREZ

Learn & Live

"En la vida no busques el 'Oscar'
a la mejor interpretación, vívela"

A Mónica, Patricia, Sofía, Gonzalo,
Beatriz y Natalia

"Tu película 'éxito'
es lo que atraes a tu vida
como consecuencia de la persona
en la que te conviertes"

ÍNDICE

ÍNDICE

Write down the most rewarding thing about following Christ.

DAY 24

Staying Close

When we have a problem, sometimes we tend to drift away from God. In Psalm 69:29–30, it shows us how even when we are in pain, we should praise Him, glorify Him, and thank Him. So it doesn't matter what position we are in; we should always come to Him and praise Him. You still need Him no matter what.

We talked about people talking bad about you in day 14. However, we only talked about it briefly, so I am going to go into it deeper. People talking bad about you can hurt. One of the main things that makes it hard is sometimes we can believe what they say. Let me tell you: As long as you aren't doing anything bad to them and they are just talking about you for no reason, it is not you. No matter what they say, just be you and keep going. It will be easier. Just don't let them get to you.

Prayer

Dear God, I pray You help me to come to You and always know that You are on my side. Sometimes, I need that reminder that You are always there cheering me on. Help me to also just be You and keep on going. Amen.

me to remember if You can forgive all of us, we can forgive people.
Amen.

Journaling prompt

What is your favorite thing about being in God's presence?

_____

_____

_____

_____

_____

_____

_____

_____

_____

_____

_____

_____

_____

_____

_____

_____

_____

_____

_____

_____

_____

_____

_____

_____

_____

All We Have to Do

Psalm 38:17-18 is a complicated but important verse. It says, "For I am about to fall, and my pain is ever with me. I confess my iniquity; I am troubled by my sin" (p. 931). So what does that mean? David was ready to give up, but instead, he did the exact opposite. He called out on God and kept going. We can learn from David. All we have to do when we are in need is to call out to God, and He will answer us. In this verse, it also shows God always forgives us. This is so helpful because it is much easier to have a good relationship with God. As teens though, not only do we need forgiveness from God, but we also need forgiveness from other people. We obviously can't control whether other people forgive us, but we can control if we forgive them. It is hard at times to forgive other people. One thing I think of that helps is that Jesus forgave us greatly. He died on the cross for everyone, including people who mock Him and hate Him. If He can do that, we can forgive anyone.

Prayer

Dear God, please help me to call out on You no matter what point I am at in my life. I love You and thank You for all You have done for me already. Help me to be easier to forgive people and help

- Color—find a coloring book or draw, then color it.
- Go to church—this is perfect if you have worship night.

I just gave you almost ten ideas, so now pick one and do it. It is a good thing to manage your feelings and not just let them explode. Keep being awesome!

Prayer

Dear God, please help me and others to spread Your Word. I pray You give me peace, knowing You are and always will be stronger than the evil that faces me. Help us to learn how to manage our fear and anxiety in healthy ways. Amen.

Journaling prompt

What is your favorite psalm? Why?

_____

_____

_____

_____

_____

_____

_____

_____

_____

_____

_____

_____

_____

_____

_____

_____

_____

_____

_____

_____

DAY 22

Managing Techniques

Isaiah 11:9 is a confusing verse because it says, "They will neither harm nor destroy on all my holy mountain, for the earth will be filled with the knowledge of the Lord as the waters cover the sea" (p. 1169). What does that mean? Well, it means that the only way this earth will be connected again is on the day when the knowledge of the Lord and trust in Jesus covers the earth. This will be stronger than the evil here now. So how does this apply to us? It means a healthy way to manage with this affliction is to remember that Jesus is stronger and that we can spread His love and word to make us feel better.

Besides spreading the Word to manage with stress or fear, here are some other ways to manage; these are also some of my favorites:

- Taking a walk—go on a prayer walk, and as you walk, pick things you are thankful for.
- Read your Bible—pick a random psalm and read it.
- Journal about your feelings, research some prompts, or choose one from this book.
- Read a book.
- Read a devotion.
- Pray—just sit on the floor and talk to God.
- Draw—look up random ideas.

ÍNDICE

EXTRAS

INTRODUCCIÓN

Siempre he pensado que los libros y las películas son una de las mayores fuentes de inspiración para el desarrollo personal y la mejora profesional.

Si las empresas son las personas que las constituyen, y las empresas obtienen los resultados que crean las personas que en ellas trabajan, cualquier acción para fomentar el crecimiento de las personas incrementará estos resultados.

Durante años he sido un apasionado de los libros empresariales y de desarrollo personal, así como de las películas de todos los géneros y de todas las épocas. He leído cantidad de libros y disfrutado de infinidad de películas recopilando frases y datos que me parecía podían contribuir a ayudar a las personas a reflexionar sobre todo el potencial que tienen en su interior. Además, utilizo estos contenidos de forma constante en mis conferencias, seminarios y talleres de trabajo de alto impacto para crear organizaciones más saludables, emocionales y profesionales.

A partir de estos contenidos, e inspirado por libros de grandes autores tanto nacionales como internacionales, he decidido escribir un libro donde a partir de frases de películas de todos los tiempos se puedan extraer reflexiones de valor para las empresas, para las personas, y en definitiva para la vida.

He querido escribir un libro que puedas empezar por el principio, por el final o por la página que tu prefieras. He puesto mucha pasión para que estas páginas te emocionen y te hagan reflexionar sobre todas las capacidades dormidas que posees y que puedes poner en práctica. Pretendo que sea un libro dónde cada frase te ayude a crecer y a mejorar, ya que, si no mejoramos, empeoramos. La única forma de mejorar es a través del desarrollo personal, gracias al cual podremos alcanzar la excelencia tanto personal como profesional. ¿Por qué las ideas con alto contenido en valor son necesarias? ¿por qué las frases que algunos denominan bonitas son imprescindibles? Pues porque todo proceso de mejora conlleva cambios y todos los cambios empiezan por tu forma de pensar.

Es importante que todo lo que leas lo cuestiones y lo valides desde tu propia experiencia. El mejor aprendizaje es el que se experimenta de primera mano. Aprovecha este libro como la palanca que te acerque a aquellos sueños que dejaste abandonados hace tiempo. Comparte además las ideas que más te hagan reflexionar con todas aquellas personas que te empujen y te animen hacia tus metas.

Me gustaría que este libro te haga cuestionarte tus valores y te ayude a provocar cambios en tu forma de pensar. Si consigues cambiar tu forma de pensar conseguirás cambiar tu destino. Al final las personas obtenemos lo que nuestros pensamientos limitantes o potenciadores nos permiten conseguir. Piensa a lo grande, sueña a lo grande y tus resultados serán grandes. Piensa en pequeño, sueña en pequeño y tus resultados serán pequeños. En la vida no conseguimos lo que deseamos, porque no crecemos como personas. Muchas veces estamos en el lugar adecuado y en el momento adecuado, pero no tenemos ni el conocimiento ni las actitudes adecuadas. Potenciar tu desarrollo personal es el camino para ser el protagonista de tu película, el director de tu vida. Y recuerda nunca es tarde para cambiar el final de la película.

Tú eliges, si quieres ser el guionista de tu propia vida, o dejar que otros te escriban el guion y te dirijan en tus acciones. Estas aquí para vivir la vida con intensidad tanto a nivel personal como a nivel profesional, por lo que no te preocupes tanto por los reconocimientos y los premios y céntrate en vivir cada instante como si fuera el último. Apasiónate con todo lo que haces y profesionaliza tus pasiones para tener una vida plena y con un propósito vital. Espero que como a mí cada frase de estas películas y su reflexión te ayude sobre todo a provocar cambios en tu actitud y en la forma de desarrollarte como persona y como profesional.

Jesús Manuel Gómez Pérez
www.jesusmanuelgomezperez.com

ORIGEN, 2010

"No debes estar avergonzado de soñar un poco en grande, querido"

No nos han enseñado a pensar a lo grande. Incluso me atrevería a decir que está mal visto tener grandes sueños, ya que a este tipo de personas se nos cataloga de fantasiosas o poco realistas.

El soñar a lo grande simplemente es tener ilusiones y ponerse objetivos ambiciosos que nos obliguen a una mayor capacidad de esfuerzo. Una empresa que apueste en pequeño siempre será pequeña y una empresa que apueste a lo grande siempre tendrá más posibilidades de alcanzar el éxito.

El no pensar a lo grande es ponerse limitaciones inexistentes que reducen nuestras posibilidades de mejora y de desarrollo personal. Cuantas más limitaciones personales eliminemos más fácil será comenzar a pensar a lo grande. Puedes conseguir cualquier cosa que te propongas y ello sólo depende de ti.

¿Como va tu vida? ¿Cómo va tu empresa? Pues como tiene que ir, bien o mal, en función de cómo la visualizas tú. Nuestra forma de pensar influye en los resultados que obtenemos. Mahatma Gandhi, pensador y político hinduista indio, decía: "Cuida tus pensamientos, porque se convertirán en tus palabras. Cuida tus palabras, porque se convertirán en tus actos. Cuida tus actos, porque se convertirán en tus hábitos. Cuida tus hábitos, porque se convertirán en tu destino." Comienza cambiando tu forma de pensar y tus creencias pequeñas, mayormente heredadas, por metas grandes y ambiciosas.

No nos damos cuenta, además, de que si nos vemos pequeños las acciones que realizamos son pequeñas. Una persona de una empresa que se sienta pequeña siempre intentará captar resultados más pequeños que una persona que se sienta más grande y, sin embargo, el esfuerzo para obtener unos resultados u otros es el mismo. Soñar a lo grande siempre se puede aprender.

Comienza visualizando a dónde quieres llegar porque es allí a dónde llegarás. Estudia dónde llegaron otras personas que tuvieron sueños grandes y no pequeños y que además sea dónde tú quieras llegar. Busca metas que te ayuden a crecer como persona, pero no te olvides de que esas metas tengan un impacto positivo en todo lo que te rodea; esta es la mejor forma de qué obtengas lo que deseas.

Les Brown, coach motivacional americano, decía: "Apunta a la luna. Incluso si fallas llegarás a las estrellas". Muchas veces no alcanzaremos nuestras metas, pero si las mismas son grandes nos quedaremos siempre en otras metas cercanas que también serán igual de grandes.

No tengas miedo en pensar y soñar a lo grande.

CABALLERO SIN ESPADA, 1939

"No te pierdas las maravillas que te rodean"

El mundo evoluciona rápido. La vida cambia rápido. Las personas hacemos todo rápido. Las empresas que alcanzan más rápidamente sus resultados suelen ser las empresas más rápidas frente a las empresas más grandes. Nos perdemos cantidad de cosas que no apreciamos y dejamos pasar oportunidades empresariales que no somos capaces de ver.

Las verdaderas maravillas no están en las grandes cosas sino en las cosas cotidianas y sencillas. Groucho Marx, actor, humorista y escritor estadounidense, decía: "Hijo mío, la felicidad está hecha de pequeñas cosas: un pequeño yate, una pequeña mansión y una pequeña fortuna". No son estas pequeñas cosas las que te harán feliz y que te permitirán conseguir tus resultados, sino que serán las acciones del día a día y que casi no tienen coste. Dar un paseo con tu pareja entre semana, compartir una tarde de juegos con tus hijos, una conversación larga de sobremesa en familia, ver una buena película al calor de la chimenea apelotonado con todos los niños, unas cervezas con un amigo que hace mucho que no veías, una puesta de sol en buena compañía, un café con un antiguo compañero de trabajo, una tarde de domingo en familia en casa o una excursión por las montañas son acciones gratis o casi gratis que muchas veces hemos dejado de valorar y de realizar con frecuencia.

Las empresas a veces no perciben que los momentos importantes y los maravillosos resultados empresariales están en las pequeñas acciones diarias. Acciones no sólo centradas en la gestión sino centradas en la relación. Dicen que las empresas son las personas que las forman, pero son pocas las empresas que verdaderamente tienen a las personas como el eje principal de su actividad. Las personas no se van de las empresas, sino que se van de las personas con las que trabajan en las empresas porque no se ha creado ese entorno centrado en las personas y dónde las mismas se puedan encontrar totalmente plenas y desarrolladas. Estamos en este mundo para apreciar las maravillas que nos rodean y sólo apreciando las mismas conseguiremos mejores resultados.

Las maravillas de la vida son como las estrellas del cielo en las noches despejadas, siempre están ahí pero no siempre nos detenemos a contemplarlas. Lamentablemente nos damos cuenta de las mismas únicamente cuando nos faltan, cuando la vida nos da algún golpe o cuando nos encontramos con algún contratiempo. Bob Marley, músico y compositor jamaicano, decía: "Si quieres ser feliz aprende a disfrutar de las cosas sencillas". Pero lo cierto, es que no todas las personas saben disfrutar de las cosas sencillas que les ofrece la vida. Unas personas por que son incapaces de verlas y otras porque no las aprecian y porque les importa más cualquier bien material por la satisfacción inmediata que les reporta dichos bienes.

LA GUERRA DE LAS GALAXIAS, 1977

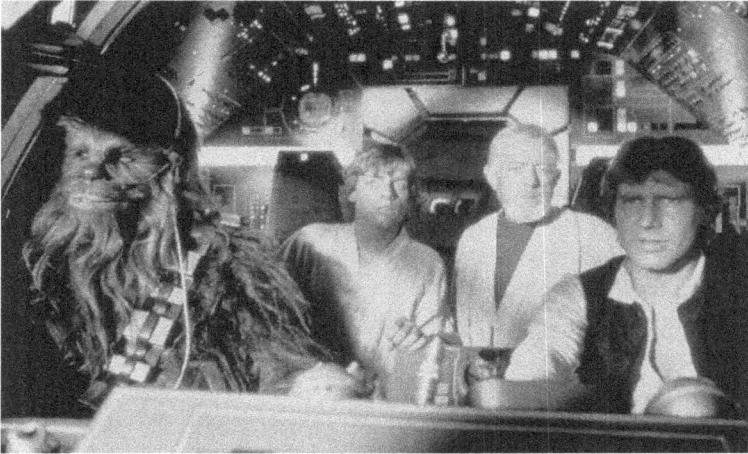

"El miedo lleva a la ira, la ira lleva al odio, el odio lleva al sufrimiento. Percibo mucho miedo en ti"

El miedo es un sentimiento universal. Podríamos decir que el miedo es la emoción caracterizada por una intensa sensación incómoda a la percepción del peligro.

El miedo es una emoción primaria que surge ante un riesgo o una amenaza y que además no distingue entre miedo real o miedo ficticio. Lo curioso es que nuestro cuerpo y nuestra mente actúan de la misma forma frente a miedos reales que frente a miedos ficticios. Es importante conocer que la mayor parte de los miedos que pensamos jamás ocurrirán. La diferencia que tenemos las personas frente al resto de los seres vivos, es nuestra capacidad de ser inteligentes para gestionar está emoción de forma positiva y no al revés.

No es cierto que haya personas que no tengan miedo. Woody Allen, actor y director de cine estadounidense, decía: "El miedo es mi compañero más fiel, jamás me ha engañado para irse con otro". Todos tenemos miedo a algo y es el propio miedo el que nos ha permitido sobrevivir como especie hasta la actualidad. Lo que si nos diferencia a unos y a otros es la gestión que hacemos del miedo. El miedo a unas personas les paraliza, y a otras les lleva a la acción. El miedo a unas empresas les provoca el cierre y a otras la expansión. El miedo es limitante en la medida que nosotros queremos que lo sea. La capacidad limitante que nos brinda el miedo se transforma en ocasiones en emociones negativas que ofrecemos muchas veces a los demás.

Para vencer la batalla a nuestros miedos el primer paso es la identificación de los mismos, cuándo surgen y porqué aparecen ¿Por qué tengo miedo? ¿qué tipo de miedo tengo? ¿ese miedo realmente va a ocurrir? ¿qué evidencia tengo de que ocurrirá? El miedo termina cuando tu mente es capaz de darse cuenta de que el miedo es ficticio o de que la situación real que ha provocado el mismo ha finalizado. A veces el mayor miedo es el propio miedo en sí mismo. Lo que identifica a las personas extraordinarias, no es que éstas no tengan miedo, sino que, a pesar del miedo, actúan. Todo lo que siempre has querido está al otro lado del miedo.

Cuanto más nos encerremos en nuestro miedo más sufriremos internamente y menos plena será nuestra vida personal y profesional. Mark Twain, escritor y orador estadounidense, decía: "El miedo a la muerte se deriva del miedo a la vida. Un hombre que vive plenamente está dispuesto a morir en cualquier momento".

Cuanto más desaprovechamos la vida más miedo a morir.

LAWRENCE DE ARABIA, 1962

"Las ilusiones pueden ser muy poderosas"

"Ten cuidado con lo que deseas porque puede que lo consigas", suele decir una frase muy popular. Tener ilusiones no es lo mismo que ser iluso. Un iluso es una persona que cree que todo el mundo actúa de buena voluntad y que todo el mundo le va a engañar fácilmente, sin embargo, tener ilusiones es dibujar en nuestra mente cosas que no existen en la realidad y es ponerse metas personales y empresariales. Aunque de momento no se cumplan esos retos, la ilusión nos permite crearlos y diseñarlos en nuestra mente para que nuestras acciones se encaminen hacia ellos.

Honoré de Balzac, novelista francés, decía: "Lo mejor de la vida son las ilusiones". La ilusión no es más que una agradable sensación de esperanza que nos ayuda a vivir cada día con la máxima intensidad.

Las personas tenemos ilusiones de la misma manera que los pájaros tienen alas. Eso es lo que nos sostiene. Sin ilusiones no hay objetivos, ni metas; sin ellos no se mejora y si no mejoramos no crecemos como personas. ¿Por qué cuando somos niños construimos nuestra vida en base a ilusiones y al hacernos mayores van desapareciendo las mismas? Parece como si el paso del tiempo mermara nuestro depósito de ilusiones. La ilusión pone a flor de piel nuestras emociones positivas y es altamente contagiosa. La ilusión nos da creatividad, nos permite jugar y en definitiva nos permite vivir de verdad.

La ilusión sin la toma de decisiones posterior y sin el paso a la acción no sirve para nada. Pero si ni siquiera tenemos ilusiones será imposible realizar acciones que provoquen cambios. La búsqueda constante de ilusiones es lo que hace única y especial a la vida. Lo positivo de las ilusiones es que adelanta en el tiempo todos aquellos momentos deseados, ya que la ilusión los visualiza y los dibuja en nuestra mente con la misma intensidad como si fueran reales.

Las crisis y las situaciones difíciles anulan la ilusión de las personas y las empresas. La ilusión es lo último que se debe perder ya que es el comienzo de todo resultado. José Narosky, escritor argentino, decía: "Mi mayor ilusión es seguir teniendo ilusiones".

La ilusión debe ser nuestra compañera de viaje. La ilusión está vinculada a todos nuestros sentidos y es la capacidad que poseemos todas las personas al nacer para reunir las fuerzas necesarias para conquistar nuestros sueños. Juan Rulfo, escritor y guionista mexicano, decía: "¿La ilusión? Eso cuesta caro. A mí me costó vivir más de lo debido". Cuantas más ilusiones, más intensidad en tu vida.

AMERICAN BEAUTY, 1999

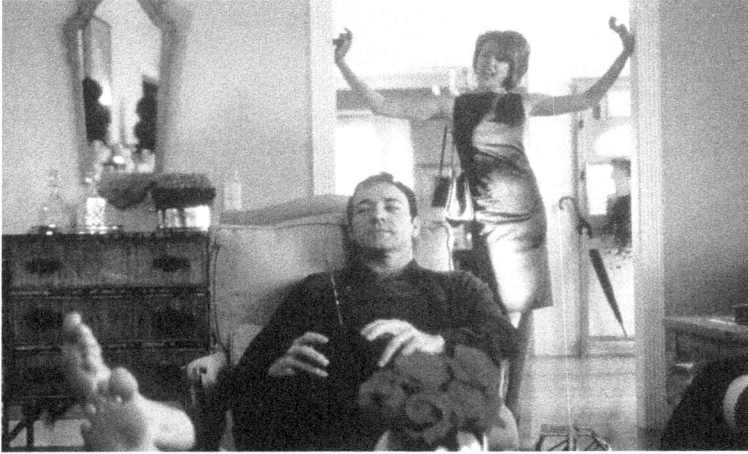

"Hoy es el primer día del resto de tu vida siempre es cierto menos el día en que te mueres"

Pasamos demasiado tiempo pensando en qué nos deparará el futuro y mirando al pasado para poder vivir el presente. Vivir en el pasado genera depresión y vivir en el futuro genera ansiedad, por tanto, el presente es el único tiempo que te reportará tranquilidad. Buda Gautama, sabio budista, decía: "No te detengas en el pasado, no sueñes con el futuro, concentra tu mente en el presente". Si nos centráramos con más frecuencia en el momento presente tendríamos menos niveles de ansiedad y de depresión.

Se nos olvida que la vida es el presente y que nuestros resultados se cambian y se viven en el momento presente. No es fácil vivir el presente. No es fácil dejar de pensar en lo que pasó o en lo que ocurrirá. Lo curioso es que el tiempo presente encierra todo lo que genera nuestra felicidad. Por tanto, como reza el dicho popular: "No dejes para mañana lo que puedas hacer hoy".

Hay que vivir cada día como si fuera el último. James Dean, actor norteamericano, decía: "Sueña como si fueras a vivir para siempre, vive como si fueras a morir hoy".

Si cada día al levantarnos nos preguntáramos qué es lo que haríamos hoy si fuera el último día de nuestra vida, cada día seríamos más eficientes, más productivos y mejores personas. Debemos aprender a vivir más el tiempo presente ya que es el único tiempo que disponemos. El pasado ya pasó y el futuro, futuro es.

El presente es el único tiempo que te permitirá tener el futuro que deseas sin arrepentirte del pasado que ya se fue. Las acciones se toman en el presente. Las relaciones se forjan en el presente. Se ama en el presente. Se disfruta en el presente. Se acaricia en el presente. Se ríe en el presente. Todo lo maravilloso que podemos realizar, se lleva a cabo en el tiempo presente. Facundo Cabral, cantautor, escritor y filósofo argentino, decía: "Cuida el presente porque en él vivirás el resto de tu vida".

En el momento en que dejas de pensar en lo que va a pasar empiezas a disfrutar de lo que está pasando de verdad. John Lennon, cantante y compositor estadounidense, decía: "La vida es aquello que nos va sucediendo mientras nos empeñamos en hacer otros planes".

Debemos aprender del pasado, vivir el presente con intensidad y mejorar para el futuro que vendrá. No pienses que el día que te mueres es el último día de tu vida, sino que es el primer día de tu nueva vida.

CIUDADANO KANE, 1941

"Sólo hay una persona que puede decidir lo que voy a hacer, y soy yo mismo"

Tu felicidad está dentro de ti. Tú y tus decisiones son las que te encaminan o te alejan de ella. Los cambios en tu vida no dependen de un cambio de los demás o de que el entorno sea favorable. Los cambios empiezan y terminan por ti.

Hay empresas que están esperando a que cambie el ciclo económico, que a nivel político se apliquen beneficios sectoriales o que mejoren las inversiones realizadas. El cambio de las cosas y la toma de decisiones para poder acometer cambios sólo dependen de uno mismo. Tú puedes ser protagonista o el actor de reparto en tu vida.

Sócrates, filósofo clásico griego, decía: "Desciende a las profundidades de ti mismo y logra ver tu alma buena. La

29

felicidad la hace solamente uno mismo con una buena conducta". Hoy en día son de vital importancia en las organizaciones la gestión emocional, el desarrollo personal o las relaciones intrapersonales, es decir, todos aquellos aspectos vinculados más directamente con las personas y con su forma de actuar y de sentir. Todo ello redunda en un crecimiento del conocimiento personal, y con ello, en una mejora de las decisiones que se toman.

Cada persona es el resultado de sus decisiones, no de sus vivencias. Si no eres el fruto de tus decisiones serán las decisiones de otros y las circunstancias externas las que manejarán y controlarán tu vida. Por muy bien o mal que te vaya en la vida nunca perderás tu capacidad para decidir qué hacer en cada uno de los momentos de tu existencia.

Las personas brillantes toman decisiones brillantes y las personas chusqueras toman decisiones chusqueras. Las personas con decisiones brillantes tienen vidas brillantes y las personas con decisiones chusqueras tienen vidas chusqueras. No sirve lamentarse del punto de partida dónde uno se encuentre; nunca es tarde para empezar a tomar decisiones brillantes.

No tomar una decisión también es elegir una decisión. La ausencia de decisiones son una decisión en sí misma. Tú decides hacia dónde, tú decides hasta cuando, tú decides cómo y tú decides por qué. William James, psicólogo estadounidense y fundador de la psicología funcional, decía: "Cuando tienes que tomar una decisión y no la tomas, eso es en sí mismo una decisión."

Un deseo no cambia nada, pero son imprescindibles. Una decisión lo cambia todo siempre que lleve una serie de acciones tras ella.

Que no se te olvide, eres el fruto de tus decisiones.

AMERICAN HISTORY X, 1998

"El odio es un lastre, la vida es demasiado corta para estar siempre cabreado"

¿Cuántas veces al entrar a trabajar saludas a alguien diciendo?: "Buenos días" y recibes respuestas como: "Buenos días serán para ti", "cómo puedes decir que son buenos días con lo mal que va la empresa" o "conociendo los problemas que hay hoy en día cómo puedes pensar que son buenos días".

Hay personas limitantes que con estas simples acciones o peores trasladan su malestar y a veces su cabreo al resto de las personas. Algunas veces lo transforman en verdadero odio empresarial. Tomas Abraham, filósofo y escritor argentino, decía: "El odio es la muerte del pensamiento". Cualquier pensamiento negativo penaliza tres veces más que cualquier pensamiento positivo. El odio además nos otorga cualidades de cobardía al sentirnos intimidados por las situaciones y el entorno, y es además con el que queremos ocultar dicha cobardía.

La verdad es que nos falta alegría en el día a día y nos sobra cabreo y mala leche. Hemos perdido la alegría del niño que todos llevamos dentro. Mientras que un niño se ríe una media de cuatrocientas veces al día, un adulto no supera nunca las cien veces al día y la media de los adultos está en treinta o cuarenta veces por día. Una carcajada mueve unos cuatrocientos músculos del cuerpo y es una de las mejores medidas rejuvenecedoras para la salud.

Cuesta tanto estar alegre y ver personas alegres, que en ocasiones cuando nos encontramos con alguien y le preguntamos a ver qué tal le va y nos contesta cosas similares como: "De 12" o "me encuentro entre espectacular y fantástico", lo primero que pensamos es a ver qué tipo de medicación está tomando, qué se ha chutado o de qué planeta viene para estar así de contento.

Las personas nacemos felices y sin embargo vivimos vidas tristes y morimos tristes. Se ha podido comprobar, que incluso cuando estamos dentro del útero materno ya somos capaces de sonreír y de reír. ¿Qué es lo que hacemos para matar esa felicidad con la que nacemos?

Anatole Francois Thibault, escritor francés más conocido como Anatole France, decía: "Si exageráramos nuestras alegrías como hacemos con nuestras penas, nuestros problemas perderían importancia". Parece que es más fácil estar todo el tiempo regocijándose en lo negativo del día que recreándose en todos los momentos buenos que nos suceden. Empieza y vive con alegría cada día, aunque vayas desentonando con casi todo el mundo.

DOCE HOMBRES SIN PIEDAD, 1957

"Donde quiera que se encuentre el prejuicio, siempre nubla la verdad"

Qué fácil es hablar de los demás. Qué fácil es criticar negativamente la situación de otras empresas. Y qué fácil es emitir prejuicios sin haber profundizado o sin dar tiempo a las cosas. Ser inteligente es lo más alejado a prejuzgar. Jiddu Krishnamurti, escritor y orador filosófico y espiritual, decía: "La forma más elevada de inteligencia humana es la capacidad de observar sin juzgar".

Es deporte nacional el juzgar sin conocer. Los grupos sociales hacen mucho daño en la emisión de prejuicios. Cuántas veces hemos opinado simplemente porqué han opinado así nuestros amigos o compañeros de empresa. A la hora de emitir valoraciones es muy importante tomar decisiones propias y no basadas en el entorno. Para no tener prejuicios es necesario intentar profundizar y conocer cada una de las situaciones sobre las que se quiere aportar valor. Las empresas deben investigar y analizar más, en vez de tomar muchas decisiones en base a prejuicios oídos. Simon de Beauvoir, escritora, profesora y filósofa francesa, decía: "Es absolutamente imposible encarar un problema humano con una mente carente de prejuicios". No hay decisión libre totalmente de prejuicios, pero sí podemos trabajar para tener los mínimos posibles y los que mantenemos nos afecten lo menos posible para la resolución de los problemas.

La palabra prejuicio tiene su origen etimológico en la palabra del latín 'praeiudicium' que significa 'juicio previo', es decir, juzgar las cosas con antelación, bien sin tener todo el conocimiento adecuado, o bien antes de tiempo. Es por ello que hacer prejuicios es algo muy cómodo. Albert Einstein, físico alemán de origen judío, decía: "Es más fácil desintegrar un átomo que un prejuicio". Los prejuicios limitan la capacidad de aprendizaje personal y por tanto de mejora, en cuanto a que nos impiden valorar, investigar o analizar. Ya lo decía el escritor, historiador, filósofo y abogado francés Voltaire: "Los prejuicios son la razón de los tontos" o el escritor inglés William Hazlitt "El prejuicio es el hijo de la ignorancia".

Es curioso, pero los prejuicios son contagiosos, corren como la pólvora y se contagian como un virus. Son una epidemia empresarial y personal. ¿Cuántas veces alguna persona os ha dado una opinión de una tercera persona y nosotros sin conocerla hemos dado por hecho que esa persona era así? Es más cómodo prejuzgar, que invertir tiempo en conocer todos los detalles u obtener toda la información necesaria.

Sin prejuzgar, crecemos como personas y creamos lazos personales mucho más estables y duraderos. Sin prejuzgar, las empresas avanzan y evolucionan.

MATRIX, 1998

"Yo sólo puedo mostrarte la puerta, tú eres quien la tiene que atravesar"

Dicho de otra forma: "El que quiera cangrejos que se moje el culo". Los líderes empresariales deben mostrar el camino con su ejemplo, pero permitiendo libertad a los demás para tomar sus propias decisiones para acertar o para equivocarse.

El aprendizaje más grande que existe es desde la propia experiencia personal. Las empresas deben arriesgar a acometer nuevos procesos de negocio de forma guiada, pero con sus propios medios y recursos. ¿Cuantas empresas subsisten gracias a terceros y mueren cuando dejan de tener estos sustentos? Si de niños no nos hubieran dado libertad para aprender a caminar, para aprender a hablar o para aprender a valorar, ya de adultos tendríamos unas carencias enormes en éstas y otras facultades.

Aprendemos a base de hacer, o lo que es lo mismo tras una decisión tiene que haber una acción. Una decisión no es nada y una acción lo es todo. Aprendemos a base de practicar y practicar. Uno no se convierte en un experto sin pasar al plano de la acción.

Isaac Asimov, escritor y profesor de bioquímica en la Facultad de Medicina de la Universidad de Boston y de origen ruso, decía: "La educación autodidacta es, creo firmemente, el único tipo de educación que existe". La formación debe progresar hacia una formación más práctica, más experiencial. Cuanta más experimentación en nuestro proceso educativo más armas tendremos para ir atravesando las puertas de la vida. Más importante que tener todas las llaves de las puertas es tener la capacidad de probar diferentes métodos para atravesar las puertas y avanzar.

Muchas veces no damos el paso a actuar y postergamos cualquier tarea a realizar porque nos centramos demasiado en el proceso a realizar y muy poco en el resultado. Si ponemos mayormente nuestra atención en lo que vamos a obtener, en el beneficio, es más fácil pasar a la acción. Las personas que se centran demasiado en todas las tareas y trabajos a realizar, en los pros y los contras de todo lo que hay que acometer, son personas encaminadas a no actuar.

Haz de la acción tu adicción y desarrolla cada día habilidades que te permitan dar pasos hacia tu objetivo. Para ello visualiza dónde quieres llegar e imagínate que ya has conseguido el resultado y los beneficios que te aporta alcanzarlo.

Al final si eres capaz de llenar tus pensamientos con sueños y tu agenda de actividades diarias con acciones no habrá espacio para los miedos o la incertidumbre. Muchos piensan que hay personas tocadas por la varita mágica para conseguir resultados y sin embargo lo único que han hecho es hacer, hacer y hacer.

EASY RIDER, 1969

"Todo el mundo quiere ser libre, dale que dale con la libertad individual. Y ven a un individuo libre y se cagan de miedo"

Dicen que nacemos libres, vivimos libres y morimos libres. Se han extinguido razas, creado civilizaciones y cambiado fronteras por las libertades individuales. ¿Pero de verdad sabemos asumir el poder que nos otorga la libertad?

La libertad nos permite acertar o equivocarnos, reír o llorar, crear o destruir, tener o no tener, hacer o no hacer. Las empresas actuales no permiten en su mayoría desarrollarse a los trabajadores en plena libertad. A las empresas les da miedo que las personas que trabajan en ellas sean libres en su totalidad. Generar libertad en una organización es ceder gestión a las personas para la toma de decisiones en pos del control sobre las decisiones de las personas. Y eso da miedo, mucho miedo.

Tucídides, historiador y militar ateniense, decía: "Recordad que el secreto de la felicidad está en la libertad, y el secreto de la libertad en el coraje". Por tanto, ten coraje para vivir una vida en libertad que ese será el camino para vivir una vida feliz. El mayor freno para ser libres no son las organizaciones, las demás personas, las obligaciones o la forma en la que funciona el mundo; el mayor obstáculo para la libertad es la falta de valor para tomar decisiones sin obsesionarse con el resultado, para elegir caminos sin preocuparse del que dirán o para optar por soluciones a pesar de los errores o fracasos.

La valentía o el coraje son el valor necesario para alcanzar la libertad, ya que es necesario ser valientes para tomar decisiones. Porque decidir es renunciar, y cada decisión por pequeña que sea implica múltiples renuncias. Por eso nos cuesta tanto tomar decisiones que nos encaminen a vivir una vida plenamente libre.

Se nos olvida que sin tener nada se puede ser completamente libre. La libertad es más un estado mental que una forma de vivir. Si piensas de manera libre, actuarás y vivirás en libertad. Esto es así porque parece que a veces confundimos la libertad con hacer o con tener. Sería algo parecido a ser rico o pobre. Se puede no tener nada de dinero y ser perfectamente rico y viceversa. El tener o no tener dinero es una situación temporal y el ser rico o pobre es un estado mental, una forma de pensar y por tanto de vivir en libertad.

Importante que no se nos olvide que la libertad no es sólo individual, sino que una persona no puede ser libre si no respeta la libertad de los demás. Nelson Mandela, abogado, político y activista contra el apartheid surafricano, decía: "Ser libre no es sólo desamarrarse las propias cadenas, sino vivir en una forma que respete y mejore la libertad de los demás".

MULAN, 1998

"La flor que crece en la adversidad es la más hermosa de todas."

Aunque parezca mentira nuestro verdadero potencial aflora ante las dificultades y los contratiempos. En la incertidumbre, despertamos una variedad de cualidades que de otra forma permanecerían completamente dormidas y olvidadas. Al final, ante la adversidad podemos optar por darlo todo o por darnos por vencidos. Jorge González Moore, escritor colombiano, decía: "Ante la adversidad hay dos caminos: crecer o morir". Tú decides si dejar que un entorno conflictivo pueda contigo o que por el contrario te despierte todas tus facultades, salgas hacia delante y además crezcas con él.

Otras veces, no es el entorno el que nos pone un pie encima, sino que son las propias personas de un ámbito en concreto.

Deberíamos ver a este tipo de personas como maestros que nos ayudan a crecer y a mejorar. Si no hay dificultades, nos volvemos cómodos y tenemos tendencia a realizar siempre lo mismo y de la misma forma, no progresando en absoluto.

En nuestras relaciones personales, las épocas de prosperidad y dónde todo va bien podríamos decir que son nuestros amigos, familiares y contactos los que nos conocen. Pero en periodos de adversidad es cuando realmente podemos decir que nosotros conocemos a nuestros amigos, familiares y contactos. El Barón Montesquieu, filósofo y jurista francés, decía: "La adversidad es nuestra madre mientras que la prosperidad sólo es nuestra madrastra". Tenemos que ser conscientes de que cuando existen contratiempos e incertidumbre es cuando más podemos prosperar. Es en estas épocas cuando debemos coger las fuerzas suficientes para elegir el camino más arriesgado. Lucio Anneo Séneca, filósofo, político, orador y escritor romano, decía: "En la adversidad conviene muchas veces tomar un camino más atrevido". Rendirse ante la adversidad es entregarse, darse por vencido frente a ella. Cuando te enfrentas a los problemas, es cuando eres consciente de todo tu potencial y de toda tu fuerza interior. Pau Gasol, jugador español de baloncesto en la NBA, decía: "Yo ante la adversidad me crezco y siempre he convivido con la presión de las expectativas. No me da miedo eso".

Las flores bellas, las personas exitosas, las empresas que cambian en el mundo lo consiguen siempre en entornos adversos debido a que es ahí donde extraen todo su potencial. Jim Rohn, empresario, escritor y orador motivacional estadounidense, decía: "La vida está diseñada para ser una historia de logros a pesar de la adversidad, porque en ausencia de adversidad los logros no podrían existir". La adversidad nos enseña a controlar nuestras emociones, nuestros pensamientos y nuestros actos. Quinto Horacio Flaco, poeta lírico y satírico romano, decía: "En los contratiempos, sobre todo, es en donde conocemos todos nuestros recursos, para hacer uso de ellos".

ABIERTO HASTA EL AMANECER, 1995

"No es un problema grave si no lo conviertes en un problema grave

Nuestro cerebro, nuestros pensamientos, nuestra actitud frente a la vida es la que asigna el nivel de gravedad a los problemas. Nicolás Gómez Dávila, escritor y filósofo colombiano, decía: "Nada es más peligroso que resolver problemas transitorios con soluciones permanentes".

A los problemas sencillos, soluciones sencillas y a los problemas complejos soluciones complejas. De la misma forma, para los problemas transitorios, soluciones transitorias y para los problemas permanentes, soluciones permanentes. A veces las empresas arrastran los problemas a todos los ámbitos y extremos de la organización.

Podríamos decir en primera instancia que hay problemas con solución y problemas sin solución. Los problemas sin solución habría que afrontarlos como dice un conocido proverbio chino: "Si tienes un problema que no tiene solución ¿para qué preocuparse?, y si tienes un problema que tiene solución ¿para que preocuparse?". Lo más importante que hay que valorar es si el problema tiene o no solución. En ambas situaciones, la preocupación complica siempre la resolución del problema. Tras tener claro el problema, para solucionarlo, es importante identificar si la solución sólo depende de nosotros o depende de cambios en factores externos fuera de nuestro control. Para que los problemas no se agraven, es importante intentar resolverlos desde una mentalidad diferente a la que teníamos cuando se originó el problema.

Para los problemas con solución tendremos soluciones sencillas y soluciones complejas. A menudo para poder encontrar estas soluciones sencillas hay que tener en cuenta que será necesario pensar de forma diferente para encontrar una posible solución. A veces tenemos las respuestas delante de nosotros mismos, pero no las vemos porque nos enfrentamos a resoluciones sencillas con planteamientos de resolución para problemas complejos. Por último, si el problema es complejo deberemos dividir éste en pequeños problemas más sencillos de resolver.

A veces hay empresas que no pueden resolver sus problemas sean sencillos o complejos porque no son conscientes de que tienen un problema. Zig Ziglar, escritor y orador motivacional estadounidense, decía: "El primer paso para resolver un problema es reconocer que existe". Muchas veces el verdadero trabajo es reconocer que se tiene un problema. La humildad es necesaria para ser consciente de los problemas y para poder trabajar en sus posibles soluciones.

La vida no es complicada. Nosotros la hacemos complicada. No siempre las soluciones son sencillas, pero siendo sencillas muchas veces no somos capaces de encontrar la solución.

EL GRAN DICTADOR, 1940

"Pensamos demasiado y sentimos muy poco"

Cuando estudiábamos en el colegio nos dijeron que el hombre es un ser racional. Hoy en día los libros de texto siguen diciendo lo mismo. Sin embargo, los expertos reconocen que no somos seres racionales sino seres emocionales. Esto no quiere decir que no dispongamos de razón, sino que primero es la emoción y luego la razón. El córtex es la parte del cerebro que nos hace inteligentes pero las decisiones son emocionales. Primero todo pasa por el cerebro emocional y después por el cerebro racional.

Las empresas deben transformarse en organizaciones emocionales y la enseñanza se debe basar mucho más en la inteligencia emocional. Las relaciones en nuestras empresas son entre personas y una gestión positiva de las emociones es la que permitirá obtener unos óptimos resultados. ¿Quién se acuerda del primer beso, de la primera cita o de ese gran abrazo que nos hizo temblar? Probablemente todos. Independientemente de la edad nos acordamos de esos momentos con gran detalle. Sin embargo, ¿quién se acuerda de las integrales, las derivadas o las raíces cuadradas? Salvo que en nuestra profesión necesitemos de forma particular las integrales, las derivadas o las raíces cuadradas o nos dediquemos a la enseñanza nadie se acuerda de algo que hemos estudiado durante dos o tres años escolares. De la primera cita, del primer beso, un hecho que suele durar segundos y en algunos casos superar el par de minutos, o de un abrazo intenso que no suele alargarse más de los doce segundos, prácticamente todo el mundo se acuerda. Esto es así porque la emoción domina sobre la razón.

Según la manera en la que percibimos el entorno así sentimos, según sentimos así elegimos nuestros caminos y en función de los caminos que tomamos así nos va en la vida. Para liderar nuestra vida o para liderar equipos de trabajo es necesario ser capaces primero de interpretar y gestionar nuestras emociones para poder después gestionar emocionalmente a otras personas.

El liderazgo tiene más que ver con gestionar personas que con gestionar proyectos ya sean profesionales o personales. A mí me gusta hablar del liderazgo emocional o mejor aún del liderazgo emocionalmente inteligente. Daniel Goleman, psicólogo y escritor estadounidense, decía: "La capacidad de comprender el poder de las emociones en el trabajo es lo que diferencia a los mejores líderes".

Las personas no podemos controlar las emociones, pero si podemos decidir lo que hacemos con ellas. Si somos capaces de cambiar nuestra percepción y nuestra atención sobre lo que ocurre a nuestro alrededor, seremos capaces de cambiar nuestras emociones. Y si cambiamos nuestras emociones, nuestra percepción del mundo cambiará.

CINDERELLA MAN, 2004

"Con cada combate te haces más fuerte"

El saber popular dice: "Lo que no te mata, te hace más fuerte". Las experiencias nos curten. Nos curten todas, las buenas y las malas. Somos lo que vivimos. Cuanto más vivimos y con más intensidad lo hacemos, más fuertes nos volvemos.

Qué casualidad que las empresas exitosas sean las empresas que no tienen miedo a perder y que salen fortalecidas con cada acción empresarial. Y qué casualidad que las empresas no exitosas sean las empresas que tienen miedo a perder y se debilitan con cada acción que rehuyen. En una empresa la única forma de que no la eclipse la competencia es fortaleciéndose a través de las capacidades de sus trabajadores. Si gestionamos las empresas desde las personas, y dejamos que las personas se fortalezcan con sus acciones, las empresas saldrán reforzadas en toda su globalidad.

En lo personal, siempre pensamos que tenemos menos fortaleza de la que realmente poseemos. En realidad, no nos damos cuenta de lo fuertes que somos hasta que ser fuerte es la única opción que nos queda. Relacionamos muchas veces la fuerza con las capacidades físicas cuando en realidad tiene mucho más que ver con la voluntad. Los obstáculos empequeñecen por momentos a medida que tu fuerza interior crece. Lo que verdaderamente nos da miedo es mostrar la intensidad de la fortaleza interior que poseemos.

Todos tenemos problemas en la vida, pero cuando te suceden contratiempos, tienes la opción de permitir que te dejen marcado y que te destruyan o dejar que te fortalezcan moldeando tu carácter para enfrentarte a futuros problemas. Cómo dice una célebre frase budista: "El dolor y el sufrimiento son nuestros maestros". Los retos y las adversidades nos facilitan procesos de aprendizaje y de crecimiento personal. Los biólogos y psicólogos ya han confirmado que una exposición moderada al dolor inevitable de la vida nos hace más fuertes y resistentes biológica y psicológicamente.

En biología, en 1988, el farmacólogo Alemán Hugo Schutz acuñó el término 'Horméis', que proviene del griego, y significa 'movimiento rápido' , 'activar', 'poner en movimiento' o 'desencadenar un respuesta', cuando descubrió que una bacteria crecía al ser expuesta a una cantidad pequeña de una sustancia tóxica y venenosa. El término 'Horméis' se refiere a la respuesta positiva del organismo al ser expuesto a dosis moderadas de toxinas y otros elementos estresantes.

En psicología, se describe este fenómeno como 'Resiliencia', que la podríamos definir como la capacidad psicológica para resistir el dolor y las adversidades y para aprender, crecer y madurar como resultado de los contratiempos.

LA CONDESA DESCALZA, 1954

"Mi vida no le importa a nadie. Vivo como quiero, y así seguiré"

Vivimos la vida de otros. Nos han educado para llevar vidas mimetizadas y vivir los sueños de otros. Es de vital importancia soñar, seleccionar nuestros sueños individuales y perseguirlos. Woody Allen, actor y director de cine estadounidense, decía: "Sólo se vive una vez, pero una vez es más que suficiente si se vive bien". Si sólo vamos a tener una vida, ¿qué vida queremos vivir, la nuestra o la de otros?

No es fácil diferenciar los sueños individuales de los sueños ajenos ya que tenemos muy inculcados los sueños colectivos. Por otro lado, tampoco está muy bien visto realizar acciones distintas y diferentes a los demás. Cada mañana deberíamos preguntarnos: ¿cuánto nos pagan por renunciar a nuestros sueños? ¿cuánto nos pagan por trabajar por las ilusiones de otros? ¿cuánto nos pagan por haber aparcado nuestras metas? Steve Jobs, empresario y magnate de empresas del sector informático y de entretenimiento estadounidense, decía: "El tiempo es limitado, así que no lo pierdas viviendo la vida de otra persona". Muchas veces parece que es más importante tener sueños ajenos, por el reconocimiento personal que ello implica, que tener sueños propios mucho menos populares.

Identificar qué sueños son nuestros a nivel empresarial es lo que nos permitirá trabajar cada día como si fuera el último y diferenciarnos de la competencia con el valor más importante que existe en marketing que no es otro que 'la forma de hacer las cosas'.

A nivel personal, centrarnos en nuestros sueños y no en los de los demás es lo que nos permitirá vivir felices. Porque la felicidad no es un fin sino un camino. Las personas nacemos felices, pero debemos aprender a vivir felices. Nunca es tarde para vivir en felicidad. Pero para ello es necesario convertirse en lo que uno quiere ser. George Bernard Shaw, dramaturgo, crítico y polemista irlandés, decía: "La vida no trata de encontrarse a uno mismo, sino de crearse a uno mismo".

Hay personas que más que vivir, sobreviven. Son personas que pasan los días pensando constantemente en lo que les gustaría que fuera su vida y eso les va consumiendo poco a poco, les merma los ánimos, las esperanzas y la vida misma. A muchos de nosotros nos gustaría tener una vida distinta, pero sin embargo no hacemos nada distinto para que nos ocurran cosas diferentes.

Luchar por tus sueños no significa no disfrutar cada momento que te toca vivir en la actualidad. Pelear por tus ilusiones significa ser como eres, elegir tus caminos y vivir con intensidad cada momento.

Escapa de los sueños ajenos siempre que puedas.

UN DOMINGO CUALQUIERA, 1999

"De ustedes depende. O aprendemos a pelear como equipo, o perderemos como individuos"

Cuando se trabaja en procesos colectivos, el grupo está por delante del individuo. Un proverbio africano dice: "Si quieres ir rápido camina sólo, pero si quieres llegar lejos camina acompañado". No todas las personas saben trabajar en equipo ni todas las empresas saben gestionar grupos de trabajo. Hace falta un valor fundamental que es la generosidad. Generosidad para compartir conocimiento, generosidad para reconocer los méritos de los demás y generosidad para aceptar la falta de competencias particulares.

La generosidad nos va a permitir trabajar en equipo con una misma visión común. No son las personas individuales las que hacen exitosas a las organizaciones sino los equipos de trabajo. Al final si trabajamos en equipo normalmente dividimos el trabajo y multiplicamos los resultados. Michael Jordan, jugador americano de baloncesto de la NBA tenía muy claro que a pesar de sus cualidades personales sin el equipo era imposible ganar y decía: "El talento gana partidos, pero el trabajo en equipo y la inteligencia ganan campeonatos".

Cuando formamos parte de un equipo lo difícil es abandonar el 'yo' por el 'nosotros'. Los equipos no avanzan cuando el 'yo' individual quiere estar siempre por encima del 'nosotros' grupal. En los buenos equipos se sacrifica en ocasiones al individuo es pos de obtener unos buenos resultados para el grupo. Para ello la confianza colectiva es clave y esencial. Phil Jackson, entrenador y jugador de la NBA, decía: "Los buenos equipos acaban por ser grandes equipos cuando sus integrantes confían los unos en los otros lo suficiente para renunciar al 'yo' por el 'nosotros'". La confianza es esencial para alcanzar el éxito en los equipos de trabajo. Una confianza basada en la responsabilidad y en la empatía en cada una de las acciones. Frases como 'confío un poco' o 'no confío del todo' no deberían ser válidas cuando hablamos de confianza. Cuando hablamos de confianza es blanco o negro, o todo o nada. Para conseguir resultados en un equipo de trabajo no sólo es válido el talento o la capacidad de trabajo; la ilusión, la diversión o la pasión deben ser también ejes fundamentales en el día a día.

Muchas veces al final de un proceso personal o profesional tendemos a asignar a una única persona el éxito de lo conseguido, pero esto casi nunca se ajusta a la realidad. Detrás de todo éxito siempre suele haber un gran conjunto de personas que lo han hecho posible. Walt Disney, productor, director, guionista y animador estadounidense, decía: "Los grandes logros de cualquier persona, generalmente dependen de muchas manos, corazones y mentes".

LA VENTANA INDISCRETA, 1954

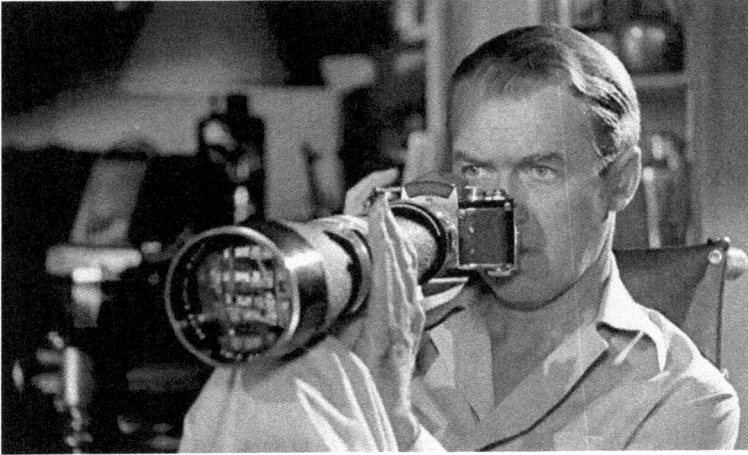

"Deberíamos dejar de ser tan mirones y
en vez de mirar tanto para afuera
dedicarnos más a mirar en el interior"

Miramos demasiado a los demás. Tendemos a fijarnos en lo que nos rodea más allá de lo que llevamos en nuestro interior. Nos comparamos constantemente y nos han enseñado a ser competitivos. No es que no haya que escuchar las opiniones de los demás, pero a veces sólo hay que oírlas sin prestar atención.

El no estar tan pendiente de la vida de los demás, en lo personal, y de las acciones o críticas de la competencia, en lo profesional, nos va ayudar enormemente a focalizar. Poner el foco es imprescindible para conseguir metas. La dispersión es el alimento para la no obtención de resultados. Una de las características de las personas que tienen éxito es que son personas que ponen el foco en lo que quieren conseguir. No debemos estar tan pendientes de las críticas negativas, ya que como suelen decir, cuando hay críticas es que has empezado a ser visible, y cuanto más visible, más posibilidades tienes de crecer como empresa o de mejorar como individuo.

Hay que hacer aquello que uno crea independientemente del que dirán. La mayor parte de la gente nos transmitirá sus propias debilidades y si escuchamos éstas con demasiada frecuencia nos entorpecerán en nuestro camino hacia nuestros sueños.

Muchas veces no tenemos tiempo para reflexionar sobre nosotros, sobre cómo podemos mejorar. Siempre que se habla de cambiar, pensamos en terceras personas, en el jefe, en la pareja o en algún amigo en concreto, pero curiosamente casi nunca pensamos en nosotros mismos. Carl Gustav Jung, médico psiquiatra, psicólogo y ensayista suizo, decía: "Sólo se volverá clara tu visión cuando puedas mirar en tu propio corazón, porque quién mira hacia fuera duerme y quién mira hacia adentro despierta". Cuando miramos hacia adentro, permitimos emerger la grandeza que todos llevamos en nuestro interior y es en ese momento cuando empezamos a dejarla salir. No podemos definir la felicidad, ni concretar cómo obtenerla, pero sí podemos decir que la felicidad es interior no exterior, la felicidad tiene que ver con lo que somos y no con lo que tenemos.

Cada vez que pensamos más en nosotros y menos en los demás, la forma en la que miramos el exterior cambia. Marcel Proust, novelista, ensayista y crítico francés, decía: "El verdadero viaje del descubrimiento no consiste en ver nuevos paisajes, sino en mirar con nuevos ojos". Si quieres ver un mundo apasionante, mira en tu interior como puedes tener más pasión en tu día a día. Si quieres un mundo más feliz, mira en tu interior como puedes vivir cada una de las veinticuatro horas del día más feliz.

EL GRADUADO, 1967

"Qué importante es poder contar en la vida con buenos amigos"

Los amigos son importantes. Los buenos amigos son necesarios. El dicho popular de que los amigos de verdad se cuentan con los dedos de la mano es totalmente cierto.

Tendemos a infravalorar el valor de la amistad. Como decía Alberto Moravia, escritor y periodista italiano: "La amistad es más difícil y más rara que el amor, por eso hay que salvarla como sea". Nada mejor para valorar la amistad que las situaciones límite o la distancia para comprender quiénes son nuestros verdaderos amigos. Parece mentira, pero los problemas, los contratiempos o lo malos momentos son los que permiten aflorar a los amigos con mayúsculas. Walter Winchell, periodista estadounidense, decía: "Un verdadero amigo es el que entra cuando el resto se va". Esto es así porque es fácil y cómodo tener amigos para la diversión, los buenos momentos o las celebraciones, pero sin embargo cuando hay que dar sin recibir, cuando hay que regalar sin esperar y cuando hay que ofrecer sin demandar, los amigos como decíamos se cuentan con los dedos de la mano, a veces incluso con los de una única mano.

Muchas veces pensamos incluso que las relaciones de parentesco llevan implícitamente el valor de la amistad, pero esto no es siempre así. Un hermano puede no ser tu amigo, pero un buen amigo, de los de verdad, siempre será tu hermano.

La amistad también es necesaria en el entorno profesional. Los amigos en el ámbito de la empresa son las relaciones personales que podemos hacer dentro de la misma y los que nos van a ayudar en el desarrollo profesional. No se conciben procesos de networking empresariales sin lazos de amistad. Muchos procesos de innovación han surgido desde la amistad, y muchos éxitos empresariales se han gestado desde lazos de amistad iniciales.

Pero las amistades, al igual que las relaciones de pareja o las relaciones de parentesco hay que cuidarlas. Si no se cuidan, se marchitan y si no se riegan, se mueren. La verdadera amistad no es aquella que nos hace inseparables sino aquella que nos permite estar separados sin que nada cambie. La amistad de verdad no es aquella en la que disfrutamos juntos sino aquella en la que peleamos y sufrimos uno al lado del otro.

Sir Francis Bacon, pintor británico de estilo figurativo idiosincrásico, decía: "La amistad duplica las alegrías y divide las angustias por la mitad". Los amigos nos suman en los momentos felices y nos ayudan a sobrellevar mucho mejor cualquier mal momento por el que podamos pasar. A un amigo no se le llama para pedirle ayuda, te la ofrece antes de que le necesites.

LOS INCREIBLES, 2004

"Yo nunca miro atrás cariño. Me distrae del ahora."

Suelen decir que no hay que dar un paso atrás ni para coger impulso. Y es totalmente cierto. El pasado, pasado es. El pasado significa experiencia adquirida tanto en lo bueno como en lo malo. Pero el pasado ni nos hace disfrutar del presente ni nos va a cambiar el futuro. El pasado no se cambia, ni se corrige.

Desarrollar una actividad empresarial pensando en el pasado nos encadena totalmente a lo que fuimos y nos cierra por completo procesos de mejora. Frases como 'las cosas siempre se han hecho así' o 'las cosas son como son' son las que no ayudan a despegarse del pasado y a trabajar en el presente para cambiar nuestro futuro. Si vives en el presente recordando el pasado te perderás por completo el futuro. Winston Churchill, político y periodista británico, decía: "Si el presente trata de juzgar el pasado, perderá el futuro". El pasado es toda nuestra experiencia adquirida, tanto de los momentos felices como de los momentos negativos. Es una experiencia que podemos aprovechar en el tiempo presente y que sin lugar a dudas nos permitirá construir el futuro que deseamos.

Cuando te lamentes de tu pasado, recuerda que no puedes reescribirlo, ni cambiarlo, ni borrarlo. El pasado está escrito con tinta imborrable. Está ahí para recordarte quién eres y adónde vas.

Todo aquello que has dejado en el pasado no debería preocuparte. Las personas, objetos o momentos que se abandonaron en el pasado lo hicieron por alguna razón concreta. Paulo Coelho, novelista brasileño, decía: "No te preocupes por las personas de tu pasado hay una razón por la que no llegaron a tu futuro". Si sigues viviendo con las cosas que dejaste en el pasado es imposible que disfrutes de tu día a día. Para ser feliz en el presente tienes que dejar de preocuparte por el pasado. Johann Wolfgang Von Goethe, poeta, dramaturgo y científico alemán, decía: "Si quieres vivir alegremente no te preocupes por el pasado".

Aferrarse al pasado es no evolucionar, es morirse un poco todos los días. Y, sin embargo, ¿por qué hay personas recreándose continuamente en su pasado? Pues únicamente por comodidad. El tiempo pasado es más cómodo que el tiempo presente. Para vivir en el pasado basta con trasladar nuestra mente a los tiempos vividos atrás. Sin embargo, en el tiempo presente no basta con pensar e imaginar, sino que además hay que hacer. En el presente hay que resolver y afrontar de forma práctica cada uno de los acontecimientos del día a día.

Acepta tu pasado y aprende de él. Pero no te permitas ni un segundo vivir en el pasado.

PERDICIÓN, 1944

"No te pido que me creas, sólo que me abraces"

Como seres emocionales que somos no reflejamos nuestras emociones. No nos tocamos ni nos acariciamos lo suficiente. Está demostrado científicamente que los abrazos generan bienestar, alivian tensiones, disminuyen el estrés, mejoran el flujo sanguíneo, proporcionan seguridad y confianza y potencian la autoestima.

¿Cuánto tiempo tiene que durar un abrazo? Su duración puede ser muy variable, pero los estudios dicen que, a partir de los seis segundos, los niveles de serotonina suben y producen un efecto relajante y envolvente. Pero aún mucho más, los abrazos de veinte segundos tienen un efecto terapéutico sobre el cuerpo y la mente, liberando oxitocina, la hormona del amor.

Suelen decir que "los abrazos fueron inventados para hacerles saber a tus seres queridos que les amas sin tener que decirles nada". Muchas veces un abrazo recompone situaciones rotas, une a personas con diferente opinión o cierra procesos empresariales de envergadura.

A mis cinco hijos les suelo decir que los abrazos que no se dan se pierden para siempre. Un abrazo es como un buen traje que te abraza todo el cuerpo. Un abrazo es capaz de recomponer todas las partes dañadas de tu cuerpo. Los abrazos y las caricias nos ayudan desde pequeños a crear un estado de seguridad y de confianza. Alejandro Jodorowsky Prullansky, artista franco-chileno, decía: "Un día alguien te va a abrazar tan fuerte, que todas tus partes rotas se juntarán de nuevo".

Me voy a permitir darte un consejo para que comprendas de primera mano el potencial de los abrazos. ¿hace cuanto tiempo que no das un buen abrazo a esa persona que amas con locura? ¿hace cuanto tiempo que no saludas a tus amigos con un abrazo? ¿hace cuanto tiempo que no das un abrazo a ningún compañero de trabajo? Vete a ver a tus padres y sin decirles nada dales un largo y fuerte abrazo, acércate a tu pareja mírale a los ojos y fúndete en un cálido abrazo, dirígete a tus hijos independientemente de la edad que tengan y sin mediar palabra ofréceles un intenso abrazo, reúnete con ese amigo de siempre y en vez de un 'hasta luego' regálale un abrazo largo y cercano, o vuelve de vacaciones al trabajo y saluda a tus compañeros, hombres o mujeres, independientemente del puesto que ocupen, con un cariñoso abrazo. La primera vez no sabrán cómo reaccionar y probablemente algunos de ellos no te devolverán el abrazo o te darán únicamente una fría palmadita en la espalda, pero lo que si te aseguro es que todos, todos sin excepción, sentirán un subidón de cercanía, afecto y bienestar.

Los abrazos no se piden, se dan, los abrazos deben sorprender porque no se deben esperar, los abrazos son dar y recibir, los abrazos acercan ¿cuántos abrazos das a lo largo de la semana?

EL IMPERIO CONTRAATACA, 1980

"¡No! no lo intentes. Hazlo o no lo hagas, pero no lo intentes"

No es lo mismo intentar que hacer. Las empresas están llenas de personas que quieren intentar las cosas pero que no pasan al plano de la actuación. Un rasgo esencial de las personas de éxito es que son personas orientadas a la acción. El sólo pensar en intentar y no en hacer es añadir un freno sobre nuestras posibilidades de éxito. Son los miedos los que no nos permiten pasar a la acción.

Cuando quieras conseguir o mejorar algo realiza pequeñas acciones de forma constante. Como decía Thomas John Watson, presidente durante unos años de la multinacional IBM: "Si uno quiere ser mañana una gran empresa, debe empezar a actuar hoy mismo como si lo fuera". Tenemos que actuar hoy de la forma que queremos llegar a ser mañana. Tenemos que actuar como aquellas empresas o personas a las cuales queremos parecernos. Hay que dejar de pasarse la vida 'intentando hacer' lo que se debería, en vez de 'hacer' lo que se debe. Una razón de peso para dejar de estar siempre intentándolo continuamente y pasar a la acción de forma constante es preguntarse si lo que estás haciendo hoy te está acercando al lugar en el que quieres estar mañana.

Actuar pertenece al tiempo presente, pertenece al ahora. Hoy se puede cambiar cualquier cosa actuando, haciendo, ejecutando. Cantidad de personas dejan atrás sus sueños, sus metas por simplemente intentar. Intentar supone no dar el 100% de lo que se tiene para conseguir algo. Sólo intentar es predisponer a nuestro cerebro para fracasar antes de empezar. Sin embargo, actuar es poner todos nuestros recursos con el pensamiento firme de que lo conseguiremos.

Eso sí, para actuar es necesario estar preparado. No hay nada peor que un tonto motivado. Para actuar no basta con estar en el sitio adecuado y en el momento adecuado, sino que además hay que ser la persona adecuada. Actuar sin pensar es como pescar sin caña o disparar sin apuntar. Sobre ello Johann Wolfang Von Goethe, poeta, dramaturgo y científico alemán, decía "Actuar es fácil, pensar es difícil, pero actuar según se piensa es aún más difícil".

La combinación de pensar y actuar es indispensable. Hay personas que se pasan la vida planificando y pensando sin actuar. Platón, filósofo griego, decía: "El que aprende y aprende y no practica lo que sabe es como el que ara y ara y no siembra". El plano de actuar es el que nos permite desarrollar todo lo aprendido y dar rienda suelta a nuestra creatividad porque como decía Martin Buber, filósofo y escritor judío austriaco-israelí: "Actuar es crear, inventar; es encontrar, dar, una forma de descubrir. Al crear descubro".

LAS UVAS DE LA IRA, 1940

"Allí donde haya alguien luchando por la libertad, mira en sus ojos mamá porque allí estaré yo"

Algunos dicen que no merecen la pena las causas perdidas. Es más común no ayudar al prójimo que echar una mano a un semejante. Las personas, las empresas y la sociedad tendemos cada vez más a la autogestión y a la autoindependencia. No invertimos tiempo en causas ajenas o problemas empresariales de terceros lo que hace que vayamos perdiendo valores tan importantes como la implicación o la responsabilidad social. Gilbert Keith Chesterton, escritor y periodista británico, decía: "El verdadero honor consiste en darlo todo por una causa cuando ésta parecía perdida". Denominarlas causas perdidas es ya un gran error. Etiquetar algo o a alguien como 'causa perdida' es abandonarlo todo antes de empezar, es darse por vencido antes de pelear, es refugiarse en la comodidad en vez de en la incomodidad, es vestirse con la capa de la protección en lugar de llevar el traje contra el riesgo.

No vale guarecerse tras el escudo del miedo para no implicarse con las causas justas, sean ajenas o no. Las empresas exitosas del mañana serán empresas donde los valores de las personas que en ellas trabajan estén alineados para luchar por todo tipo de causas y por no catalogar a las mismas como perdidas de antemano. Cada vez más nos convertimos en meros pasajeros de lo que ocurre a nuestro alrededor, actuamos como si gran parte de los hechos que pasan en nuestro día a día no fueran con nosotros. La vida no es adversa por lo que pasa, sino que es negativa por las cosas que dejamos que ocurran las personas. Albert Einstein, físico alemán de origen judío, decía: "La vida no es peligrosa. No por las personas que hacen el mal sino por las que se sientan a ver lo que pasa".

A veces el argumento para no implicarse es tan simple como no querer invertir tiempo o pensar que es algo que no nos afecta a nosotros directamente. Vivir con miedo nos afecta y todo lo que ocurre a nuestro alrededor nos influye, nos impliquemos o no. Cuando se dice que algo está perdido se juega a ser dueño de la incertidumbre y amo del 'qué pasará'. En cualquier causa siempre hay un resquicio para la duda y por tanto siempre habrá un lugar para luchar por ella. Mario Vargas Llosa, escritor peruano, decía: "La incertidumbre es una margarita cuyos pétalos nunca se terminan jamás de deshojar".

¿Por qué hemos pasado a ser personas poco comprometidas? ¿por qué el compromiso con los demás no forma parte de nuestra paleta de valores? ¿por qué no dibujamos nuestra vida con momentos de implicación con los demás? La principal razón es la comodidad, comodidad para no arriesgar, comodidad para no cambiar. Sammy Davis Jr., cantante, actor y bailarín estadounidense, decía "Siempre tienes dos opciones: tu compromiso frente a tu miedo".

GATTACA, 1997

"¿Quieres saber cómo lo conseguí? Así es como lo conseguí, jamás me reservé nada para la vuelta"

No se pueden conseguir resultados empresariales empleándonos a medio gas. Cuando nos fijamos un objetivo hemos de darlo todo como si nos fuera la vida en ello. Las personas exitosas son personas que ponen todo su interés y todos sus medios para conseguir resultados.

No basta con ser personas capacitadas y preparadas si no mostramos todas nuestras habilidades y facultades en cada acción que realizamos. Franklin Delano Roosevelt, político y abogado estadounidense, decía: "No es suficiente con querer, te tienes que preguntar qué es lo que vas a hacer para conseguir lo que quieras".

Una de las cosas que tienes que hacer es darlo todo, emplear cada uno de tus recursos, conocimientos y habilidades para obtener el resultado deseado. La dispersión en las empresas distribuye los medios entre diferentes objetivos y eso hace que no dispongamos de los óptimos medios para conseguir nuestras metas empresariales. Visualizar, focalizar y poner todos los recursos te ayudará a conseguir cualquier cosa que te propongas.

Darlo todo desde el primer momento o como se dice coloquialmente 'poner toda la carne en el asador' desde que se comienza algo es uno de los ingredientes imprescindibles para alcanzar lo que deseas.

Cuando lo das todo intimidas al riesgo pasando éste a un segundo plano. Dar el 100% de tus posibilidades significa cansarse, querer darse por vencido, preguntarse por qué. Si lo das todo sufrirás, si lo das todo te agotarás. Pero el dolor es parte del éxito, es parte de vivir con intensidad y es parte indispensable para alcanzar lo que se desea. Da el máximo en todo lo que hagas. Yogi Berra, jugador de béisbol estadounidense, decía: "Tienes que dar el 100% en la primera mitad del partido. Si eso no fue suficiente, entonces en la segunda mitad tienes que dar lo que te quede". Siempre puedes dar un poco más de ti.

Querer está bien, pero es mucho mejor amar. Cuando amas las cosas o cuando amas a alguien lo das todo sin esperar nada a cambio. Querer, sin embargo, es dar sólo lo que esperamos que vamos a recibir. Si no das siempre el máximo nunca conocerás de verdad cuáles son tus límites, siempre te rondará la duda de hasta dónde pudiste llegar o qué pudiste conseguir. Las empresas que no dan el máximo son empresas acomodadas y desde la comodidad no se pueden alcanzar grandes resultados.

Pregúntate a ti mismo siempre ¿puedo dar más? La respuesta siempre es sí.

TITANIC, 1997

"La vida es un regalo y no pienso desperdiciarla. Nunca se sabe qué cartas repartirá la próxima vez"

Perdemos completamente la noción de lo importante que es la vida. Malgastamos el bien más preciado del que disponemos.

Es cierto que la vida reparte las cartas, pero desde el primer momento nosotros elegimos como jugarlas. Nunca es tarde para volver a tener una buena mano y nunca es demasiado pronto para volver a perderlo todo. Podemos jugar más solitarios o jugar más juegos en grupo contando con los demás, pero de cualquier forma nosotros somos los que jugamos y por tanto los que decidimos. Muchas veces no podemos elegir el tipo de juego y tendremos que jugar, si o si, al juego que la vida nos proponga. Nuestra capacidad para disfrutar al máximo de cada juego es lo que nos permitirá vivir de verdad. Al final tú eres el responsable de cómo te va en el juego de la vida, así que no te lamentes. John Maxwell Coetzee, escritor y novelista sudafricano, decía: "El destino reparte cartas y tú juegas la mano que te ha tocado. No gimotees, no te quejes".

No podemos desperdiciar ni un solo momento. Muchas veces el bien más preciado y escaso que solemos echar a perder es el tiempo. Aunque suene egoísta debemos proteger nuestro tiempo como el bien más importante del que disponemos. Tiempo para nosotros, pero tiempo también para compartir y para regalar. Debemos alejarnos de todas aquellas personas y proyectos que nos roban nuestro tiempo de vida. Si desperdicias minutos de tu vida es que todavía no has descubierto que el verdadero tesoro que posees es el tiempo. No pretendas imitar a las personas que trabajan por dinero, sino que fíjate en las personas que trabajan por aprovechar al máximo su tiempo. Charles Darwin, naturista inglés, decía: "Un hombre que se atreve a desperdiciar una hora, no ha descubierto el valor de la vida". Pregúntate cada mañana por qué desaprovechar la vida si en cualquier momento la puedes perder.

No te olvides de disfrutar porque cuanto más te diviertas, mejor te irá en el juego. Si disfrutas, vives y si te diviertes, vives. Hay personas que viven de forma continua en la queja y en el malestar. Vivir siempre quejándose es también dejar escapar parte de la vida.

En ocasiones nos pasamos la vida entera planificando como debemos vivirla y no nos damos cuenta de que en ese proceso se nos está alejando parte de nuestra vida. Ralph Waldo Emerson, escritor, filósofo y poeta estadounidense y líder del movimiento del trascendentalismo a principios del siglo XX, decía: "La vida misma se desperdicia mientras nos preparamos para vivir". No esperes a tenerlo todo para disfrutar al máximo de la vida, ya tienes la vida para disfrutar de todo.

EL CIELO PUEDE ESPERAR, 1978

"La probabilidad de que una persona tenga razón aumenta en relación directa con la insistencia en convencerla de su error"

A pesar de nacer todos creativos las opiniones de los demás decapitan gran parte de la creatividad. Muchas empresas están más centradas en cómo les ve la competencia, que en desarrollar su propia actividad.

Muchas veces nos empeñamos en convencer a los demás de que no han elegido el camino correcto. No hay que convencer a nadie ni de los aciertos ni de los errores. Como decía José Saramago, escritor y periodista portugués: "He aprendido a no convencer a nadie. El trabajo de convencer es una falta de respeto, es un intento de colonización del otro". Como mucho debemos ayudar a dar nuestra visión para que con ella la otra persona pueda corregir o ampliar sus argumentos. No es lo mismo 'intentar aportar' que 'querer convencer'.

Muchas veces las opiniones que damos y las que recibimos destruyen los sueños, eliminan la capacidad de conseguir metas de las personas y acaban con la creatividad. Cuando las personas nos transmiten opiniones de incapacidad no quiere decir que nosotros no podamos ser capaces, sino que están reflejando con su opinión sus propias limitaciones. Cuando intentas convencer a alguien de algo en realidad sólo intentas convencerte a ti mismo de ese algo.

Las personas debemos tener fe en nosotros mismos y no debería importarnos tanto las opiniones de los demás sobre lo que podemos y no podemos alcanzar. Miguel de Unamuno, escritor y filósofo español, decía: "El que tiene fe en sí mismo no necesita que crean en él". Hay personas que están casadas con las opiniones de los demás y viven vidas dirigidas por los comentarios de los conocidos, amigos o familiares

Muchas opiniones de los demás pretenden muchas veces vestirnos con el traje de inferioridad. Debemos trabajar la confianza en el 'yo', porque cuando uno cree en sí mismo no trata de convencer a los demás, porque cuando una persona está contenta consigo misma no necesita la aprobación de nadie. María Teresa de Calcuta, monja católica de origen albanés, decía: "Quién dedica tiempo a mejorarse a sí mismo, no tiene tiempo para criticar a los demás". Cuando te convences a ti mismo de que eres el más fuerte, el más guapo o el que más sabe de un determinado tema ya estás dando razones a los demás para convencerles sin necesidad de opinar.

Al final vive escuchando al exterior, pero sin poner freno a tus acciones por aquello que escuchas de los demás.

GLADIATOR, 2000

"La muerte nos sonríe a todos, devolvámosle la sonrisa"

Todos tendremos el mismo final. Unos antes y otros después. Con grandes empresas o con pequeñas empresas. Con éxito o sin éxito en la vida. Todos tenemos un tiempo finito en esta vida y debemos afrontarlo con la mejor de nuestras sonrisas.

Como niños debemos ilusionarnos cada mañana y mostrar la mejor de nuestras sonrisas. Tendremos que lidiar con la sociedad y el entorno porque en ocasiones parece incluso que está mal visto estar alegre. Suelen decir además que la vida te devuelve lo que le das, así que, si le damos más sonrisas, tendremos más sonrisas. Charles Chaplin, actor y humorista británico, decía: "Nunca dejes de sonreír, porque el día que no sonrías será un día perdido". A pesar de tener problemas, incertidumbre o contratiempos, sonríe, porque al final son momentos puntuales y serán malos días, pero no por ello una mala vida. Es curioso las puertas que abren las sonrisas y sin embargo qué poco sonreímos. ¿Te has fijado en el metro o el autobús si hay muchas personas que sonríen? ¿has observado cuantas personas sonríen cuando cruzas un paso de cebra? ¿te has percatado de cuantas personas sonríen en la cola de una tienda? ¿te has fijado cuántas personas sonríen en una reunión de trabajo? ¿has comprobado cuantos familiares sonríen en una velada familiar? Pues fíjate a partir de ahora y verás cómo son realmente pocas las personas que regalan una sonrisa.

Recuerda además que las sonrisas son como los abrazos, son ilimitadas y se pueden regalar en cualquier momento, sin embargo, no te confundas, ya que las sonrisas que no das se pierden para siempre. Pasa lo mismo que con los abrazos, las sonrisas que guardes y que no ofrezcas a los demás, nunca volverán. Mahatma Gandhi, pensador y político hinduista indio, decía dos cosas fantásticas sobre ello: "La sonrisa es como un espejo, te sonríe si tú le miras sonriendo" y "Si alguna vez no te dan la sonrisa que esperas, se generoso y da la tuya, porque nadie tiene tanta necesidad de una sonrisa como aquel que no sabe sonreír".

Es admirable, las personas que sonríen a pesar de no tener motivos. Cuantas personas en países con muy poco o con casi nada nos dan una clase magistral sobre ello. Cuantas personas con problemas graves de verdad son un ejemplo de personas alegres. Las sonrisas enamoran, las sonrisas atraviesan y las sonrisas cambian el mundo. Gabriel García Márquez, escritor y periodista colombiano, decía: "Nunca dejes de sonreír, ni siquiera cuando estés triste porque nunca sabes quién se puede enamorar de tu sonrisa".

La pregunta que deberíamos hacernos no es si existe vida y sonrisas después de la muerte. La pregunta correcta es si estamos vivos y sonrientes de verdad antes de la muerte. Regálale a la vida el placer de sonreír.

ALICIA EN EL PAIS DE LAS MARAVILLAS, 1951

"Siempre se llega a alguna parte si se camina lo bastante"

La mayor parte de las empresas que no han conseguido sus objetivos, no son empresas que no tenían los recursos o conocimientos para ello, sino que son empresas que dejaron de perseguir sus objetivos antes que otras. Las personas a las que nos gusta seguir y que son nuestros referentes en modelos de vida no han alcanzado sus éxitos personales por tener más capacidades o formación que nosotros, sino que lo han logrado por tener mucha más determinación hacia sus objetivos y no han decaído nunca en la persecución de los mismos. Si somos persistentes y no dejamos de caminar y de perseguir nuestras metas al final siempre obtendremos buenos resultados. El no dejar de caminar nos permite encontrar además nuevos caminos que por contra cuando estamos parados no somos capaces de localizar.

La determinación es la que nos permite no dejar de avanzar. La determinación es un deseo apasionado y ardiente que nos empuja diariamente hacia aquello que deseamos de verdad. La paciencia es la compañera de viaje de la determinación. No hay nada grande que se haya construido desde la impaciencia. Todo lo bueno de la vida se cuece a fuego lento. Las personas grandes son personas con una gran determinación y las personas pequeñas son personas con una pobre determinación. Thomas Fuller, historiador y miembro de la iglesia de Inglaterra, decía: "Una determinación invencible puede lograr casi cualquier cosa y en esto radica la gran distinción entre los grandes hombres y los comunes".

Lo imposible adquiere el tinte de lo posible cuando se riega con la determinación. Tommy Lasorda, jugador de la liga profesional de béisbol americana, decía: "La diferencia entre lo imposible y lo posible radica en la determinación de un hombre". No hay nada que no podamos conseguir si va de la mano de la paciencia y el trabajo duro. Jorge González Moore, escritor colombiano, decía: "La capacidad humana es infinita, lo necesario para materializarla es la determinación".

La determinación te ayudará además a eliminar miedos porque para tener una buena determinación se necesita valentía. Valentía para seguir adelante siempre, a pesar de los contratiempos y del que dirán, y valentía para provocar cambios que nos vayan dibujando el camino hacia donde queremos llegar. Si abandonas a tu determinación te abandonas a ti mismo. Clarice Lispector, escritora brasileña de origen judío, decía: "Lo que es verdaderamente inmoral es haber desistido de uno mismo".

Levántate cada mañana con una determinación de hierro para poderte acostar con una gran satisfacción de haber avanzado.

ANTES DEL ATARDECER, 2004

"Somos el resultado de la suma de todos los momentos de nuestra vida"

¿Que tenemos? Lo que nos merecemos. Nuestras vidas son el resultado de todas nuestras acciones. Las empresas que van mal son empresas que realizan malas acciones. Las empresas que van bien son las que realizan acciones exitosas. Ahí no hay trampa ni cartón. Cuando un jardinero quiere plantar lechugas ¿que semillas compra, planta, riega y cuida?, pues semillas de lechugas. No se le ocurre comprar semillas de calabacines para obtener lechugas. Hay personas que quieren ser de una forma actuando de una manera completamente distinta. Hay un dicho popular más categórico todavía que dice: "Si quieres cagar zanahorias, ¿qué tienes que comer? Pues zanahorias, muchas zanahorias". Y la realidad es que hay gente que se pasa toda la vida queriendo cagar zanahorias, comiendo remolachas.

Por eso el cambio es esencial para los procesos de mejora en las empresas. Los resultados son el fin de las acciones que vamos ejecutando día a día y por tanto si no funcionan debemos al menos realizar acciones distintas. De la decisión a la acción sólo hay un paso, pero un paso muy difícil de dar.

Hans Christian Andersen, escritor y poeta danés, famoso por sus cuentos para niños, decía: "La vida es el más maravilloso cuento de hadas". La vida está llena de intensos y fantásticos momentos. ¿Porque no disfrutamos el momento? ¿por qué a los pequeños y cotidianos momentos no les damos importancia? Pues porque estamos pendientes constantemente de lo que va a ocurrir. En cuanto dejamos de estar pendientes de lo que va a pasar, empezamos a disfrutar de lo que está pasando. No te permitas dejar escapar los momentos ya que al final de tus días te darás cuenta de que ellos constituían lo maravilloso de la vida. Sidoine-Gabrielle Colette, novelista y artista de revistas y cabaré francesa decía: "Qué maravillosa ha sido mi vida, ojalá me hubiera dado cuenta de ello antes".

No colecciones cosas, colecciona momentos. Cuando estés en los últimos años de tu vida no te arrepentirás de lo que has hecho sino de los momentos que no has disfrutado. Doménico Cieri Estrada, escritor mexicano, decía: "Hay momentos en la vida que valen años". Las cosas más sencillas del día a día son las que realmente son oro en bruto. Cuando te das cuenta de que la vida no es tan larga es cuando empiezas a sacarle chispas a los momentos cotidianos. A veces parece que estamos buscando lo espectacular, cuando lo realmente espectacular son los instantes cotidianos.

Cualquier cosa en la vida que merezca la pena de verdad está construida de momentos. Los mejores momentos de la vida no cuestan dinero o se pueden realizar con muy poco dinero. A veces los buenos instantes son aquellos que no se disfrutan. Todo lo bueno que tenemos en el día a día lo vamos convirtiendo en rutina y no lo valoramos.

BUSCANDO A ERIC, 2009

"La expresión 'no puedo' no existe"

El ser humano no tiene límites. Cuando decimos que no podemos conseguir algo son las limitaciones que nos autoimponemos las que nos lo impiden. Nuestras creencias limitantes fruto de nuestras experiencias vividas son las que condicionaran que podamos o que no podamos. El 'no puedo', está directamente relacionado con la permanencia en la zona de confort. Las personas que persiguen acciones imposibles son las personas que catalogamos como exitosas. Hay que decirse a uno mismo todas las mañanas al levantarse, lo que decía Pablo Ruiz Picasso, pintor y escultor español: "Yo hago lo imposible, porque lo posible ya lo hace cualquiera".

Para decir no puedo, nos aprovechamos unas veces de nuestras propias limitaciones y otras del entorno y de lo que nos dicen los demás. Si cada día te haces las mismas preguntas al final ten por seguro que encontrarás la respuesta, superarás el 'no puedo' y alcanzarás el 'lo logré. Cuanto más te digan que no puedes intentarlo, más motivos debes tener para intentarlo.

La 'imposibilitis' es una enfermedad muy común en las empresas. Es más cómodo decir que algo es imposible, porque con ello mantenemos los procedimientos de trabajo habituales sin la incertidumbre que provocará cualquier tipo de cambio. Las personas que no quieren trabajar para salir de esta enfermedad no deberían perjudicar con sus comentarios a las que sí quieren salir de la misma. A aquellas personas que nos digan que no se puede hacer algo deberíamos responderles diciendo que lo único imposible de verdad es aquello que no se intenta.

Es importante rodearse de personas que se apasionen por retos imposibles. Hay que trabajar cada día para perseguir lo imposible. Deberíamos ser como decía Mario Benedetti, escritor y periodista uruguayo: "Todos queremos lo que no se puede. Somos fanáticos de lo prohibido". Que algo no se haya realizado o conseguido nunca no quiere decir que sea imposible. Todo lo que conocemos partió en algún momento de que no era factible. Como decía Nelson Mandela, abogado, político y activista contra el apartheid surafricano: "Todo parece imposible hasta que se hace".

En nuestro proceso educativo nos deberían enseñar a ilusionarnos por las cosas difíciles porque ello mantendrá a flor de piel la creatividad, nos deberían enseñar a enamorarnos de lo complicado porque con ello conseguiremos convertir 'marrones' en 'retos' y nos deberían enseñar a apasionarnos por lo imposible porque es la forma de que mejoremos nosotros mismos y con ello mejoremos un poco el mundo que nos rodea. Si eres capaz de controlar tu mente, serás capaz de controlar lo que es y lo que no es posible.

Solo el que puede ver lo invisible puede hacer lo imposible.

DOCE MONOS, 1995

"No estoy loco, ahora lo entiendo. Soy mentalmente divergente"

La locura es el germen de la creatividad. Ponerse el gorro de la divergencia en procesos de trabajo en las empresas es no tener miedo a jugar y a aportar ideas.

No tenemos procesos de locura ni de divergencia en las organizaciones porque socialmente matamos el inicio de cualquier proceso de creatividad. Nos dan miedo las ideas y nos dan aún más miedo las ideas de los demás. ¡Cómo no se ha ocurrido a mí eso, si era tan elemental! ¡que idea más absurda! ¡eso que dices no sirve para nada! Estas son algunas exclamaciones que se escuchan en procesos de divergencia para la generación de nuevas ideas dentro de las diferentes empresas. Importantísimo, todo proceso de creatividad debe comenzar por una fase de divergencia, donde cualquier idea debe ser aceptada por inverosímil y estrambótica que parezca. Recordar además que la creatividad no surge de tener pocas ideas sino todo lo contrario. Para mejorar la creatividad empresarial debemos trabajar para generar muchas ideas. Cuantas más ideas seamos capaces de sugerir, más probabilidades tendremos al final de que podamos obtener la 'gran idea'.

Todos nacemos creativos. Pero la creatividad hay que trabajarla toda la vida. Para poner en marcha una idea puedes estar despierto un par de noches para poder llevarla a cabo, pero para ser creativo tienes que estar despierto toda la vida. ¿Por qué somos, en general, poco creativos los adultos? Pues porque la creatividad implica dejar de lado lo seguro.

Pensamos y actuamos de forma preestablecida. Vemos las cosas de la misma forma. Las buenas empresas son aquellas que son capaces de poner los ojos fuera de toda su actividad diaria y analizar su empresa con una visión exterior. Las empresas que no lo consiguen, contratan servicios externos para que les analicen sus procesos y les den pautas de mejora debido a que estas personas ven la empresa desde fuera de ella y por tanto con otro punto de vista.

Hoy en día, uno de los más reconocidos educadores españoles, Cesar Bona contaba en una conferencia que los viernes les planteaba a sus alumnos en el colegio preparar una redacción sobre un tema atípico y poco común. Lo curioso no era la redacción que tenían que realizar sino la forma de exponerla. Les planteaba exponer su redacción frente al resto de compañeros subiéndose de pies encima de la mesa. Ejercicios como estos permitirían adquirir actitudes y visiones más allá de lo estrictamente reglado y preestablecido.

La creatividad no es más que la inteligencia de cada uno divirtiéndose. John Cleese, actor británico y miembro del grupo cómico Monty Python decía: "Si quieres trabajadores creativos, dales tiempo para jugar".

DR. FRANKENSTEIN, 1931

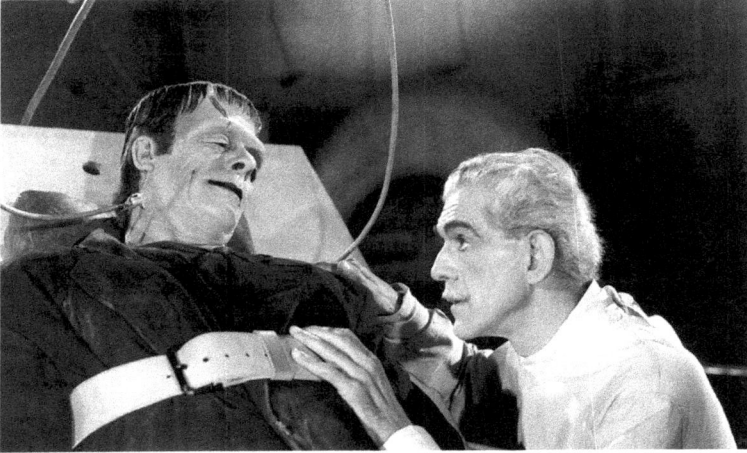

"Tú me diste estas emociones, pero no me dijiste como usarlas"

Nacemos con emociones. Todos nacemos con las mismas emociones. Por fin, ahora se ha demostrado que todas las emociones son buenas y que todas ellas nos ayudan a crecer como personas.

¿Cómo sabemos que todos tenemos emociones? ¿qué nos diferencia a unos de otros en el ámbito emocional? Pues la capacidad para gestionar las buenas y las malas emociones. Las personas más estables emocionalmente son aquellas personas que afrontan y gestionan mejor las emociones negativas como el miedo, el estrés, la ira, la rabia o la envidia. Son personas que comparten y contagian las emociones positivas como la alegría, la motivación, o la serenidad.

Las empresas ya están orientando sus procesos de contratación y sus procesos de gestión internos de personas hacia los comportamientos y emociones de las personas y no tanto hacia el conocimiento. Es importante recordar que las emociones negativas penalizan casi cuatro veces más que las emociones positivas tanto en el entorno personal como en el profesional.

Nadie nos ha enseñado a gestionar las emociones. Ni en la familia, ni en nuestro proceso formativo, ni en las empresas hemos recibido formación específica sobre cómo identificar, interpretar y posteriormente gestionar nuestras emociones. Aristóteles, filósofo y científico de la antigua Grecia, decía: "Educar la mente sin educar el corazón, no es educar en absoluto".

La fase inicial es el autoconocimiento, ser capaces de poder identificar y catalogar cada una de las emociones que nos invaden. Identificadas las emociones podemos empezar a autogestionar las mismas para aprovechar al máximo todo su potencial. Daniel Goleman, psicólogo y escritor estadounidense, añadía lo que para él era importante para poder liderar desde las emociones: "Los líderes verdaderamente efectivos se distinguen por su alto grado de inteligencia emocional que incluye la autoconciencia, la autorregulación, motivación, empatía y habilidades sociales". Al final podríamos decir que lo que sientes en ti es el autoconocimiento, lo que haces en ti es el autocontrol, lo que sientes sobre los demás es la empatía y lo que haces con los demás son las habilidades sociales.

Las personas con una óptima inteligencia emocional son capaces de expresar las quejas siempre como críticas constructivas y no como críticas destructivas, son personas que favorecen los espacios donde se valore la diversidad y donde la misma no se convierta en una fuente de conflictos.

O gestionas tus emociones o las emociones te gestionarán a ti.

EL INVITADO DE INVIERNO, 1997

"Yo acepto lo bueno y lo malo juntos. No puedo amar a la gente a trozos"

Cuando te entregas a algo o a alguien debemos hacerlo en su totalidad. No sirven las medias tintas. Cuando nos entregamos a un proyecto empresarial debemos hacerlo poniendo toda la 'carne en el asador'.

El esperar a que un proyecto nos guste en su totalidad es esperar algo imposible, siempre habrá gestiones o trabajos dentro del mismo que serán más incómodos de realizar. Suelen decir que las empresas que funcionan son las empresas que tienen problemas. Y aún diría más, las empresas que van hacia delante son las empresas con personas que plantean problemas, que cuestionan las formas de realizar las cosas y también con personas que resuelven problemas. Yo recomiendo a las empresas contratar personas que resuelvan problemas, pero también personas que generen problemas cuestionándose en todo momento el 'modus operandi' y el 'status quo' establecido.

En lo personal pasa lo mismo. No podemos entregarnos a medias. O nos entregamos, o no nos entregamos. Aun a sabiendas de que habrá cosas que no nos gustarán de la relación debemos entregarnos dándolo todo. Cuando amas de verdad no deberías aceptar el amor a medias, no deberías permitir un amor partido por la mitad, ya que te mereces algo intenso y completo. El verdadero significado de la amistad significa aceptar lo bueno y lo malo de las personas por igual.

Cuando practicamos una afición o un deporte hay que aceptar los buenos momentos de disfrute, pero también los de sufrimiento para poder avanzar y mejorar. Damon Hill, piloto automovilístico de velocidad británico, decía: "Soy muy consciente de que estoy recibiendo buena prensa en el momento que podría estar recibiendo mala prensa. No puedo aceptar lo bueno y olvidar lo malo. Tienes que aceptar las dos cosas".

Hagas lo que hagas no lo hagas a medias. Marilyn Monroe, actriz estadounidense, lo llevaba hasta el extremo y de forma divertida decía: "Me gusta estar totalmente vestida, o si no totalmente desnuda. No me gustan las medias tintas". Cuando lo das todo, aceptas lo bueno y lo malo de las personas y aceptas lo positivo y lo negativo del entorno. Las grandes historias de personas o empresas que alcanzaron el éxito nunca se escribieron con medias tintas. Cuando abras una puerta ábrela de par en par y cuando la cierres, ciérrala de golpe, porque por las puertas entreabiertas nunca entrará la plena felicidad.

Recuerda siempre que las grandes historias nunca se han desarrollado a medio gas. Vivir a medias no es vivir.

LOS MISERABLES, 2012

"Todos hemos pasado apuros y todos necesitamos que nos ayuden"

La vida no es un camino de rosas. Pero, aunque fuera un camino de rosas, las rosas tienen espinas. Todos, todos, absolutamente todos pasamos buenos y malos momentos en nuestras vidas. Suelen decir incluso que todas las personas del mundo tienen a lo largo de su vida entre uno y dos problemas verdaderamente graves o complicados. En esos momentos la compañía, los verdaderos amigos, los familiares de verdad y los contactos auténticos son los que nos permitirán nadar contra la corriente de los contratiempos en vez de naufragar sin rumbo conocido.

Pensamos que el ser autónomos, que el no pedir ayuda nos hace más fuertes y mejores. La verdad es que no es así. La vida consiste en ayudar y en ser ayudado. A algunas personas les costará más que a otras entender que ayudar tiene además su recompensa. Audrey Hepburn, actriz, modelo y bailarina de la época dorada de Hollywood, decía: "A medida que crezcas descubrirás que tienes dos manos, una para ayudarte a ti mismo y otra para ayudar a los demás", es decir, todo el mundo tiene la capacidad en algún momento de su vida de echar una mano al prójimo.

Las empresas deben saber gestionar procesos de recuperación a través de mecanismos de colaboración con terceros para recibir la ayuda necesaria. También deben contemplar procesos de mejora y crecimiento a través de fases de colaboración que les enriquezca a ellos también. Deepak Chopra, escritor y conferencista hindú, decía: "La mejor manera de tener lo que quieres es ayudar a otros a tener lo que quieren". Para aquellas personas que sigan pensando que ayudar trae más beneficios al 'ayudado' que al 'ayudador' están equivocados. La mayor recompensa la tiene siempre el que ayuda porque fortalece su sentido de vida y sus valores por completo. Pero cuando ayudamos no debemos pensar en nuestro beneficio sino en lo que aportamos a los demás. Al final la gente exitosa de verdad busca siempre la oportunidad de ayudar a otras personas mientras que las personas no exitosas, las que fracasan siempre, están continuamente preguntándose ¿y yo que gano?

Ayuda a crecer a todos los que te rodean, familiares amigos, clientes, contactos, y cada día serás más grande. Martin Luther King, pastor estadounidense de la iglesia bautista, decía: "Lo más persistente en la vida y la pregunta más urgente es ¿qué estás haciendo por los demás?". No se nos tiene que olvidar que el verdadero amor hacia nuestros seres queridos no es otra cosa que el deseo apasionado de ayudar a los demás a ser quienes son.

Al final la grandeza de una persona no se mide por lo que tiene sino por lo que da, por lo que ayuda.

INTELIGENCIA ARTIFICIAL, 2001

"El más grande don humano es la habilidad de perseguir tus propios sueños"

Todos nacemos libres para perseguir nuestros sueños. La realidad es que dejamos de soñar muy pronto. Los sueños al final son metas que debemos planificar.

La gran diferencia entre las personas a las que les va bien y las personas a las que les va mal, es que las primeras no han dejado nunca de soñar. Eleanor Roosevelt, escritora y primera dama y mujer del presidente de Estados Unidos, decía: "El futuro pertenece a aquellos que creen en la belleza de sus sueños". Y es totalmente cierto. No se sabe bien por qué, pero parece que actualmente soñar y esperar conseguir tus sueños está socialmente mal aceptado. Hay que volver a aprender a soñar y a soñar de forma correcta. Deberemos crear nuestros propios sueños y no los de otros. Hay personas que viven de forma continua los sueños ajenos. Nos han educado de forma tan similar que muchos de nosotros vivimos los sueños de terceras personas. Debemos hacer que nuestros sueños sean propios y emplear el tiempo necesario para saber que son nuestros y que son lo que deseamos ya que a partir de ahí trabajaremos y viviremos para conseguirlos.

La mayor parte de las personas no alcanzan sus sueños porque no tienen sueños, porque no saben lo que quieren. No está bien contemplado que tus sueños vayan a contracorriente de lo comúnmente establecido. Los mejores sueños son los que se producen cuando no estás dormido. Cada mañana tú decides si seguir durmiendo y seguir soñando o levantarte e ir detrás de tus sueños. Por tanto, no basta sólo con soñar, sino que hay que definir un plan de acción de hábitos, rutinas y procesos de trabajo que nos encaminen a nuestros sueños. Al final los sueños no son más que mentiras hasta que un día tras el trabajo duro dejan de serlos.

Y además nos hará falta la valentía y la determinación necesaria para afrontar cambios radicales en nuestras vidas. Walt Disney, productor, director, guionista y animador estadounidense, decía: "Todos nuestros sueños pueden convertirse en realidad si tenemos la valentía de perseguirlos".

En lo personal deberíamos educar a nuestros hijos enseñándoles que nunca hay que dejar de trabajar por un sueño hasta que éste se haya hecho realidad. Al final, como decía Paulo Coelho, novelista brasileño: "La vida es generosa con aquellos que persiguen sus sueños".

Que no hayas logrado todavía tus sueños, no significa que no estén ahí o que no se puedan alcanzar. Por más lejos que estén tus sueños nunca dejes de perseguirlos.

MADAGASCAR, 2005

"Todos tenemos días en que creemos que el sol brilla más en otra parte"

Creemos que hay personas mejores que nosotros. Pensamos que la gente tiene mejores vidas que las que llevamos nosotros. Creemos que las vacaciones de los demás son mejores que las nuestras. Pensamos que el resto de empresas tienen unos conocimientos mejores que los nuestros. Esto no es así. El ser humano tiene tendencia a pensar que siempre le va mejor al prójimo o que éste tiene unas facultades que nosotros no tenemos. Nos infravaloramos en muchas ocasiones. Pensamos que nosotros no podemos alcanzar lo que otros han logrado o que nosotros hemos nacido con menos excelencias que los demás. Es tan erróneo creerse más que los demás como creerse menos que los demás. Infravalorarse es darse menos valor del que poseemos. Cuanto mayor sea nuestra autoestima mayor será nuestra capacidad para centrarnos y disfrutar de cómo somos en lugar de centrarnos en cómo son los demás.

¿Cuántas veces al día te comparas con los demás? ¿cuántas veces te dices a ti mismo que tú no vales tanto como otras personas? ¿y cuántas veces piensas que tú no podrás lograr lo que otras empresas han conseguido? Si te haces estas preguntas es porque estás menospreciándote y porque necesitas mejorar tu autoestima. Mejorar tu autoestima es darte cuenta de todo lo que tienes positivo y potenciarlo. Nathaniel Branden decía: "La autoestima es la reputación que adquirimos de nosotros mismos".

Cuando tienes baja tu autoestima tiendes a compararte con todas aquellas personas que ves mejor que tú y no te fijas en todos aquellos que están peor que tú. No te compares con los demás y mantén siempre la cabeza alta. No eres ni peor ni mejor que nadie, simplemente eres tú, único y especial, con tus virtudes y tus defectos. Helen Adams Keller, escritora y activista política sordo-ciega estadounidense, decía: "Nunca bajes la cabeza. Siempre mantenla alta. Mira al mundo a la cara". La autoestima es la confianza en uno mismo y en sus posibilidades. La falta de confianza en nuestras posibilidades es uno de los peores miedos de las personas. Jiddu Khrishnamurti, escritor y orador filosófico y espiritual decía: "La religión de todos los hombres debería ser creer en sí mismos".

Cuanto menos nos aceptamos a nosotros mismos, más frecuente es que busquemos la aceptación de los demás, y cuando esto ocurre, dejamos de ser nosotros mismos y empezamos a pensar que el sol brilla más en otros. William Shakespeare, dramaturgo, poeta y actor inglés, decía: "Sabemos lo que somos, pero aún no sabemos lo que podemos llegar a ser". Cuanto mayor es la autoestima mayor es nuestro conocimiento de todo lo que podemos conseguir.

La autoestima es a la felicidad lo que el agua es a la vida.

BLADE RUNNER, 1982

"Es duro vivir con miedo, ¿verdad?"

Es muy complicado vivir con miedo. Debemos sin embargo aprender a vivir sabiendo gestionar el miedo. Dejaremos de hacer cantidad de cosas y seremos mucho menos productivos si permitimos que el miedo controle parte de nuestras vidas. El miedo es el principal enemigo del cambio y de los procesos de mejora.

No se puede vivir con miedo. La vida no es más que caerse, levantarse y volverse a caer de nuevo. Si vives con el miedo constante de caerte una y otra vez, ya estás hundido de antemano. Vivir con miedo no es vivir una vida plena, es vivir a medias. Los que dicen hacer sin miedo no es que no tengan miedo, sino que a pesar del miedo siguen haciendo. No esperes a encontrar el momento perfecto en el que el miedo desaparezca por completo, sino que agarra el momento por los cuernos y hazlo perfecto. Para vencer el miedo debemos hacernos preguntas. Preguntas como: ¿Por qué no me atrevo a ser yo mismo? ¿qué me impide actuar sin miedo? ¿por qué los miedos me frenan? Si no nos hacemos este tipo de preguntas nos será muy difícil actuar sin miedo. Recuerda que el miedo solo se puede acometer enfrentándote a él.

Tenemos incluso miedo de ser quienes somos de verdad. Nos importa más intentar agradar al 100% de las personas que ser realmente nosotros mismos. Hay que tener claro que hagamos lo que hagamos siempre habrá gente a la que no le gustará lo que hagamos. Cuanto más nosotros mismos seamos más capaces seremos de vivir y de gestionar nuestras propias ilusiones.

El miedo es como una gran pared que nos separa completamente de lo que podríamos llegar a ser. La pregunta inicial que te deberías hacer es: ¿qué harías si no tuvieras miedo? Escribe todo aquello que de verdad harías y examina todo aquello que te impide comenzar a realizarlo. Como decía David Fischman, escritor y consultor internacional peruano: "El miedo es una muralla que separa lo que eres de lo que podrías llegar a ser". No te permitas llegar a tus últimos años de vida y pensar que el miedo te ha impedido hacer o ser lo que profundamente deseabas.

No se pueden obtener buenos resultados con miedo. Pasa a la acción con miedo o sin miedo, pero pasa a la acción. Los miedos son el principal freno para conseguir resultados. Cuando alcanzas tus metas es que has vencido el miedo. Joseph John Campbell, mitólogo, escritor y profesor estadounidense, decía: "La cueva a la que te da miedo entrar contiene el tesoro que buscas". Al final todo lo que siempre has deseado está al otro lado del miedo.

Vive, y si te da miedo, vive con miedo.

MINORITY REPORT, 2002

"Algunas veces, para poder ver la luz, hay que arriesgar en la oscuridad"

Cada vez que tomamos una decisión, arriesgamos. Todo en la vida son decisiones, por lo tanto, todo en la vida es riesgo. El riesgo está cuando tomamos la decisión de enamorarnos de alguien, cuando tomamos la decisión de elegir una profesión o cuando elegimos vivir en una determinada ciudad. No hay ninguna decisión con la que no arriesguemos algo. Leo Buscaglia, profesor estadounidense de educación especial en la Universidad del Sur de California, decía: "Amar es arriesgarse a que no le quieran. Esperar es arriesgarse a sentir dolor. Intentar es arriesgarse a fracasar. Pero hay que arriesgarse. Porque lo más peligroso en esta vida es no arriesgar nada"

Si queremos conseguir grandes metas deberemos arriesgar mucho. Robert Kennedy, fiscal general de los Estados Unidos entre 1961 y 1964, decía: "Sólo aquellos que se atreven a arriesgar mucho pueden lograr mucho". Cuanto más tenemos y cuanto mejor nos va, más miedo a arriesgar y eso es porque más miedo nos da perder lo que ya tenemos.

Arriesgar está muy relacionado también con la capacidad de saber desprenderse tanto de lo material como de lo inmaterial. Nos cuesta mucho desarraigarnos de todo lo que conocemos, sea material o personal. Las empresas que más arriesgan suelen ser por lo general las empresas que mejores resultados obtienen. Si no nos permitimos arriesgar no sabremos nunca cuales son nuestros límites, no viviremos con la capacidad de descubrir cosas nuevas. Thomas Stearns Eliot, poeta y crítica literario británico-estadounidense, decía: "Sólo aquellos que se arriesgan a ir demasiado lejos pueden descubrir hasta dónde pueden llegar".

Es normal sentirse incómodo o inestable cada vez que arriesgamos tomando una decisión y más aún cuando se trata de grandes decisiones, de decisiones que van a contracorriente o de decisiones que se producen muy poco. A veces la vida no consiste más que en arriesgarlo todo por ese sueño que deseas y que sólo tú eres capaz de ver.

Pero más allá de los resultados positivos que obtendremos arriesgando, es que no nos tengamos que arrepentir de lo que no hemos arriesgado. La doctora Bronnie Ware, que tuvo la oportunidad por su profesión de cuidar enfermos en sus últimos días, pudo constatar que el principal y más importante arrepentimiento de todas las personas, no eran aquellas cosas que habían hecho sino todas aquellas cosas para las cuales no habían sido capaces de arriesgar y de tener el coraje de llevarlas a cabo.

No arriesgarte a intentarlo es fracasar antes de empezar algo. Si no estás dispuesto a arriesgar lo extraordinario entonces tendrás que conformarte con lo ordinario.

TERMINATOR 2: EL JUICIO FINAL, 1991

"El futuro no está marcado. No hay más destino que el que construimos para nosotros"

No hay nada escrito. Nadie sabe cómo nos puede ir en la vida. Nadie puede constatar que resultados empresariales vamos a conseguir. Nosotros tenemos que decidir, para cambiar ese futuro, si queremos ser los pilotos o simplemente ir de acompañantes. Y además nunca es tarde para empezar a cambiar nuestro futuro. Victor Hugo, poeta y dramaturgo romántico francés, decía: "El futuro tiene muchos nombres. Para los débiles es lo inalcanzable. Para los temerosos lo desconocido. Para los valientes es la oportunidad".

El futuro que nos espera no depende del entorno ni de los demás, sino que depende exclusivamente de nosotros. Esto es muy positivo, ya que entonces el futuro depende de algo que en cierta forma podemos controlar y gestionar nosotros mismos. Pero eso sí, el futuro no se construye sólo. No hay un poder mágico que va a hacer que tengas un futuro maravilloso y lleno de éxitos. Para construir un buen futuro, no te olvides de preguntarte todos los días si lo que estás haciendo hoy te lleva un poquito más cerca a ese futuro en el que quieres estar mañana. Walt Disney, productor, director, guionista y animador estadounidense, decía: "Pregúntate si lo que estás haciendo hoy te acerca al lugar en el que quieres estar mañana".

Para construir ese futuro es importante construirlo desde el presente y no rememorando el pasado. Si quieres crear el futuro reviviendo constantemente el pasado vivirás deprimido de forma constante. El tiempo para cambiar las cosas es ahora. No hay nada que no puedas ser en el futuro ni nada que no puedas realizar. Si empiezas a realizar con pasión acciones cada día que te lleven a tu futuro, ten por seguro que lo alcanzarás. Thomas Jefferson, tercer presidente de los Estados Unidos de América, lo decía: "Me gustan más los sueños del futuro que la historia del pasado".

No te preocupes por lo que puedas perder por el camino para alcanzar el futuro que deseas. Todo aquello que se va quedando en tu pasado sea material o personal es que no encaja con el futuro que tú deseas construir. El futuro no es algo tangible. El futuro es más bien un deseo. La mejor forma de tener el futuro que deseamos es trabajar para crearlo nosotros mismos. Alan Kay, informático estadounidense, decía: "El mejor modo de predecir el futuro es inventándolo". Por tanto, al futuro no se va, el futuro hay que crearlo.

Cada día las personas debemos mirar menos hacia atrás, y preguntarnos de forma constante ¿por qué?, y mirar más a menudo hacia delante, y preguntarnos ¿y por qué no?

INTERESTELAR, 2014

"La ley de Murphy no significa que vaya a pasar algo malo, sino que si algo puede pasar, pasará"

Todos hemos oído alguna vez hablar de las leyes de Murphy. Todas estas leyes podríamos englobarlas en una principal que sería: "Si algo puede salir mal, saldrá mal". Con ello podríamos decir que no controlamos nuestro destino. No podemos obsesionarnos con que siempre todo saldrá según lo hemos planificado. Lo que si podemos es soñar nuestro destino y trabajar cada día para alcanzarlo, pero siempre pensando que las cosas no siempre saldrán como deseamos.

Tenemos que tener la mentalidad de no esperar tanto, de no suponer que las cosas serán de una cierta forma, de no exigir los resultados que queremos obtener. Debemos dejar que las cosas sucedan, que sigan su curso. Porque como decíamos antes, si tiene que pasar, pasará. Al final hay que darse cuenta que nada pasa por que sí. Lo que ocurre es que sólo nos damos cuenta de que esto es así cuando miramos hacia atrás para aprender del pasado. Todo lo que ocurre, bueno o malo, es necesario para formarte como persona, para crecer con tu empresa o para crear tu destino.

Muchas veces confundimos lo que es el destino. El destino no es lo que te va a pasar, sino que es lo que tú quieres que te suceda. Lo curioso es que cuando emprendemos viaje hacia nuestro destino, solemos encontrar el mismo en el camino que hemos tomado para evitarlo. Esto es así porque muchas veces aquellos caminos menos transitados son los que nos acercan a nuestro destino.

William Shakespeare, dramaturgo, poeta y actor inglés, decía: "El destino es el que baraja las cartas, pero nosotros somos los que jugamos". Deja de quejarte de dónde has nacido, dónde has trabajado o dónde has vivido. Tú eres el único responsable de cada decisión que te ha acercado al destino del día de hoy. Nosotros, sí controlamos nuestras emociones, nuestras acciones, nuestros comportamientos o nuestras relaciones. Controlamos lo que somos. Controlamos nuestra alma. William Ernest Henley, poeta inglés, decía: "Yo soy el dueño de mi destino, soy el capitán de mi alma".

Algunos piensan que no existe el destino, que el destino es un tren rápido que no se puede alcanzar. Eso es porque, o no están preparados todavía, o porque necesitan más tiempo para alcanzarlo. Como decía Libba Bray, escritora estadounidense: "A veces buscamos lo que todavía no estamos preparados para encontrar".

Al final, en la vida no puedes cambiar la dirección del viento, pero lo que si puedes hacer es ajustar las velas.

CINEMA PARADISO, 1988

"Hagas lo que hagas ámalo, como amabas la cabina del Paradiso cuando eras niño"

¿Por qué cuando somos niños ponemos todo nuestra pasión y amor en realizar las cosas? ¿qué nos pasa a medida que crecemos y nos convertimos en adultos? Lo que nos ocurre es que no amamos con la misma pasión las cosas.

La pasión nunca debería desaparecer porque cuando ponemos pasión en algo, es que amamos ese algo, y el amor es simplemente eterno. La pasión es el combustible que nos hace vivir y trabajar de verdad. Oprah Winfrey, presentadora de televisión estadounidense, decía: "La pasión es energía. Siente el poder que proviene de centrarte en lo que te emociona".

Cuando no trabajamos con pasión trabajamos con estrés porque no disfrutamos de lo que hacemos. Es importante apasionarse por la profesión de cada uno, pero mucho más importante es profesionalizar nuestras pasiones.

Hay cantidad de empresas que no aman lo que hacen, que no ponen una pasión desmesurada en su gestión diaria. Y no nos olvidemos de que no son las empresas las que aman o ponen pasión, sino que son las personas que las constituyen las que se encargan de hacerlo. Vincent Van Gogh, pintor neerlandés, decía: "Es bueno amar tanto como se pueda, porque ahí radica la verdadera fuerza. El que ama mucho, realiza grandes cosas y se siente capaz. Lo que se hace por amor está bien hecho". La excelencia, que no la perfección, se encuentra dentro de todo lo que hacemos con un amor desmesurado. Los buenos proyectos son proyectos que se han realizado con personas que amaban lo que hacían. Steve Jobs, empresario y magnate de empresas del sector informático y de entretenimiento estadounidense, decía: "La única manera de realizar un trabajo genial es amar lo que haces".

Si renunciamos a poner pasión en lo que hacemos o si nos olvidamos de condimentar nuestra existencia con pasión entonces simplemente existimos. La pasión lo es todo. La pasión es lo único que tenemos y a la vez todo lo que tenemos. Federico Fellini, director de cine y guionista italiano, decía: "No hay fin. No hay comienzo. Sólo hay pasión por la vida". Si renuncias a la pasión lo has perdido todo. Pasarás por esta vida sin dejar huella y sin disfrutar de verdad. Cuando des un abrazo hazlo con pasión. Cuando trabajes hazlo en algo que te apasione. Cuando tengas una conversación con alguien pon toda tu pasión en ella. Cuando estés con tu familia emplea toda tu pasión en disfrutar de ese momento. Gabriele D'Annunzio, novelista, dramaturgo y político italiano, decía: "Renunciar a mi pasión es como desgarrar con mis uñas una parte viva de mi corazón". No renuncies nunca a la pasión en todas las cosas que haces.

LA VIDA ES BELLA, 1997

"¿Cómo hacerme feliz? Un buen helado de chocolate, quizás dos. Un paseíto juntos y que pase lo que tenga que pasar."

La felicidad está en las pequeñas cosas. Es un craso error pensar que la felicidad se obtiene de las cosas grandes, caras o complejas.

El objetivo para ser feliz debería ser disfrutar de los pequeños encuentros que nos hacen sonreír y que hagan grandes nuestras vidas. Robert Breault, tenor americano, decía: "Disfruta de las pequeñas cosas, porque tal vez un día vuelvas la vista atrás y te des cuenta de que eran las grandes cosas". Llenamos nuestra bolsa de la vida de grandes cosas que no dejan sitio para los pequeños momentos de felicidad. Nos pasamos la vida comprando y almacenando cantidad de objetos materiales pensando que éstos nos traerán la felicidad.

La felicidad se obtiene de la suma de los pequeños grandes momentos. Esto parece clave, pero lo olvidamos en el día a día. Frank Clark, jugador de futbol americano, decía: "Todo el mundo trata de realizar algo grande, sin darse cuenta de que la vida se compone de pequeñas cosas". La sociedad actual no ayuda mucho a aprender a disfrutar de los pequeños momentos. La rapidez con la que hacemos todo, la cantidad de tareas que tenemos y la comparación social con las que muchos gobiernan sus vidas no ayudan a ello. Centrarse en lo que tiene la persona de al lado en vez de focalizarse en lo que uno tiene, no ayuda para nada a ser feliz.

Gibran Jalil Gibran, poeta y ensayista libanés, decía: "En el rocío de las pequeñas cosas, el corazón encuentra su mañana y toma su frescura". Cuando realmente somos de verdad, cuando realmente vivimos de verdad es cuando nos centramos en los pequeños momentos. ¿Cuándo nos acordamos de las pequeñas cosas? Pues cuando tenemos un problema, cuando tenemos una enfermedad o cuando estamos deprimidos. No deberíamos llegar a este punto para apreciar las maravillas de las que ya podemos disfrutar cada día. No apreciamos los regalos que la vida nos agasaja cada mañana cuando nos despertamos. Cada mañana podemos respirar, comer, ver, sentir, oler, compartir, dar, recibir, hacer deporte, relacionarnos, amar, abrazar, etc y sin embargo a todo ello no le damos la menor importancia porque siempre está ahí, salvo que la vida nos lo arrebate de forma parcial o para siempre.

Las cosas más pequeñas son las que deberían tener un mayor impacto en nuestros corazones. Son el verdadero paso hacia la felicidad. Yo no quiero grandes cosas en mi vida sino pequeñas cosas que hagan grande mi vida.

EL CLUB DE LOS POETAS MUERTOS, 1989

"Carpe diem. Aprovecha el momento"

No disfrutamos cada instante. Unos viven del pasado y otros sólo piensan en el futuro. Es necesario vivir cada día como si fuera el último. Cada momento es vital. Muchas personas, y también empresas, no disfrutan de los momentos. El no disfrutar de cada acción que se realiza penaliza nuestros procesos de crecimiento.

Lo único que sabemos seguro es que podemos disfrutar el ahora. Ahora puedes cambiar tu vida, ahora es el día en el que puedes empezar aquella actividad que siempre deseabas. Ahora es el momento para dar ese abrazo que siempre has deseado. Ahora, ahora y ahora. Por eso hoy en día han surgido cantidad de actividades orientadas a centrarse en el ahora y a tener una mayor presencia. Se nos ha olvidado por completo disfrutar el ahora.

Recuerda que hoy es el mañana que tanto te preocupaba. La verdadera diferencia entre dónde te encontrabas ayer y dónde te encontrarás mañana es lo que pienses y hagas hoy. Las personas se hacen grandes planificando y actuando en el tiempo presente. Las empresas que alcanzan el éxito organizan y ejecutan acciones hoy, no mañana ni pasado mañana.

No debemos perder el tiempo regocijándonos en lo que fue, sino que debemos emplear todas nuestras energías en el hoy, en el ahora, en lo que es. Bill Cosby, actor estadounidense, decía con acierto: "El pasado es un fantasma, el futuro es un sueño y lo único que siempre tenemos es el ahora". Lo seguro es el ahora. Ahora es lo que poseemos y dónde podemos hacer todo aquello que nos haga felices.

Para amar no hay otro tiempo que el ahora. Si me quieres, quiéreme ahora. Thich Nhat Hanh, maestro zen nacido en la región de Vietnam Central, decía: "El milagro no es caminar por el agua. El milagro es caminar sobre la tierra verde en el presente para apreciar la belleza y la paz de la que se dispone ahora". Muchos pisamos la misma 'tierra verde', trabajamos en los mismos proyectos o vivimos las mismas experiencias, pero sin embargo mientras unos se quejan y no ven más allá de su mirada, otros disfrutan cada instante, cada proyecto o cada momento que les regala la vida.

Como dice el dicho popular "no dejes para mañana lo que puedas hacer hoy". Mañana puede ser demasiado tarde. Hazlo ahora, ya que 'más tarde' puede que se convierta en 'nunca'. Hay personas que quieren hacer cualquier cosa menos vivir al máximo el ahora. John Lennon decía: "Algunos están dispuestos a cualquier cosa, menos a vivir aquí y ahora".

Si estás esperando el momento perfecto, es ahora.

EL CURIOSO CASO DE BENJAMÍN BUTTON, 2008

"Nunca es demasiado tarde o demasiado pronto para ser quien queremos ser"

Nos hemos acostumbrado al conformismo. Nos dicen continuamente que es muy difícil cambiar. Algunos llegan a decir incluso que es imposible, que es muy difícil cambiar de trabajo e incluso que es muy complicado buscar un trabajo que realmente sea tu pasión.

Las empresas muchas veces tienen tanta trayectoria empresarial que les es imposible transformarse y cambiar. Nunca es tarde para trabajar de lo que realmente nos gusta, nunca es tarde para disfrutar de aquello que nos apasiona y nunca es tarde para empezar de nuevo.

Las personas y empresas que no van a cambiar os dirán: 'Ya no tienes edad para hacer eso', 'pero no ves que estas fuera de lugar', 'no te has dado cuenta que tu empresa no va a poder'. George Eliot, escritora británica, decía: "Nunca es demasiado tarde para ser lo que podrías haber sido". Esto no significa hacer siempre un cambio radical. Muchas veces es simplemente cambiar actitudes, habilidades, procesos de trabajo, o relaciones.

Nunca digas que es tarde para empezar algo o que no se puede. La vida está llena de oportunidades que están esperando a todas las personas que quieran ir a por ellas independientemente de la edad, del momento o de la experiencia. En cualquier momento de tu vida puedes emprender un nuevo rumbo, dar un giro radical a tu camino, vivir una nueva historia, ser el protagonista de tu cuento o construir un sueño nuevo. De la misma forma que nunca es tarde para alcanzar tus metas, tampoco nunca es demasiado tarde o demasiado pronto para corregir o rectificar aquello que deseas mejorar. Charles Dickens, escritor y novelista inglés, decía sobre ello: "Nunca es tarde para el arrepentimiento y la reparación". Nunca es tarde para pedir perdón, nunca es tarde para arrepentirse, nuca es tarde para reconocer que te equivocaste y nunca es tarde para arreglar cualquier situación que desees.

Bob Marley, músico y compositor jamaicano, decía: "Conserva lo que tienes, olvida lo que te duele, lucha por lo que quieres, valora lo que posees, perdona a los que te hieren y disfruta de los que te aman. Nos pasamos la vida esperando que pase algo, y lo único que pasa es la vida. No entendemos el valor de los momentos, hasta que se han convertido en recuerdos. Por eso, haz lo que quieras hacer, antes de que se convierta en lo que te gustaría haber hecho. No hagas de tu vida un borrador, tal vez no tengas tiempo de pasarlo a limpio. Nunca es tarde para empezar a ser felices".

Da igual el momento o las circunstancias. Si quieres, puedes.

SALVAR AL SOLDADO RYAN, 1998

"Haz que haya merecido la pena"

Hay dos formas de vivir la vida. Una de ellas es vivir como si solamente se viviera una vez y por tanto viviendo a tope y sin mirar alrededor, y la otra es vivir haciendo que cada acción y vivencia merezcan la pena de verdad. Deberíamos vivir la vida como dice el archiconocido slogan 'Make it worth it', es decir, 'Haz que merezca la pena'.

Hacer que tu vida merezca la pena, es cumplir la misión de vida que cada uno cree que debe realizar. Es como cuidar de varias semillas, aun sabiendo que algunas de ellas florecerán incluso cuando ya no estemos aquí. Se trataría de vivir con la sensación de que todo lo que has dejado, lo has dejado un poco mejor de cómo lo encontraste.

¿Cuándo sabes que estás haciendo que las cosas merezcan la pena? Pues cuando lo das todo, cuando luchas por las personas que te rodean sin descanso o cuando aportas todo lo que tienes incluso en las peores situaciones. Albert Einstein, físico alemán de origen judío, decía: "Vivimos en el mundo cuando amamos. Sólo una vida vivida para los demás merece la pena ser vivida". No nos damos cuenta, pero nos reporta mucho más lo que damos a los demás que lo que recibimos.

Cuando vives la vida haciendo que cada cosa merezca la pena no debes fijarte en los resultados o en los medios que tienes que dedicar. Gilbert Keith Chesterton, escritor y periodista británico, decía: "Cuando una cosa merece la pena, incluso merece la pena hacerla mal". Esto puede ser una exageración para reflejar la verdadera importancia de dejar nuestro recuerdo y nuestra aportación en todo aquello que hacemos.

La satisfacción de hacer las cosas bien, de ayudar a los demás, de escuchar, de valorar las ideas positivas de los demás o de acompañar a los logros ajenos, permiten tener una vida que merezca la pena ser vivida. Es una forma de dejar nuestra presencia una vez que ya no estemos aquí. Es una forma de ser inmortales, de estar siempre presentes en los demás y en las acciones que hemos realizado en vida. Bruce Lee, maestro de artes marciales y actor estadounidense de origen chino, decía: "La clave para la inmortalidad es principalmente vivir una vida que valga la pena recordar".

Cualquier esfuerzo que dediquemos para apoyar a todos aquellos fines que creamos justos y valiosos habrá merecido la pena. Steven Brust, escritor americano de fantasía y ciencia ficción, decía: "La lucha siempre vale la pena si el fin vale la pena y los medios son honestos".

Repítete cada mañana, 'Make it worth it'.

PETER PAN, 1952

"Si puedes pensarlo, puedes hacerlo"

Las personas no tenemos límites. Los límites sólo están en el entorno. Las personas tenemos más o menos límites dependiendo de la autoestima que tengamos. En general nos consideramos menos que los demás y pensamos que las personas que han conseguido grandes resultados son personas excepcionales o que ha sido elegidos para triunfar. En realidad, son personas que han pasado del pensamiento a la acción a través de la planificación. Dwight David Eisenhower, militar y político estadounidense, decía: "Un plan no es nada, pero la planificación lo es todo".

Es importante soñar, pensar, pero mucho más importante es actuar. El paso para actuar debe ir acompañado siempre de una planificación. Una planificación no es más que poner fecha a cada acción ya que si no nos quedaremos únicamente en el pensamiento. Debemos planificar a largo plazo, mirar lejos para poder llevar un trayecto cómodo. Es como cuando nos enseñan a conducir y nos dicen que hay que mirar a lo lejos para no dar volantazos y poder seguir una trazada cómoda. Peter Ferdinand Drucker, abogado y tratadista austriaco, decía: "La planificación a largo plazo no es pensar en decisiones futuras, sino en el futuro de las decisiones presentes". Planificar se planifica en el tiempo presente tomando decisiones y rechazando opciones para obtener resultados futuros deseados.

No basta con tener mentalidad exitosa para obtener aquellos resultados que se desean. Además, hay que planificar, estar preparado en conocimientos y actitudes para llegar y tener la esperanza de ganar. Zig Ziglar, escritor y orador motivacional estadounidense, mencionaba sobre ello lo siguiente: "Tú naciste siendo un ganador, pero para ganar debes planear ganar, estar preparado para ganar y esperar ganar". De partida lo tenemos todo, pero eso no es suficiente. Planificación, formación e ilusión son ingredientes indispensables para seguir siendo un ganador.

Añadir que no hay que cerrar el 100% de nuestras acciones a lo que hayamos planificado. Isaac Asimov, escritor y profesor de bioquímica en la Facultad de Medicina de la Universidad de Boston y de origen ruso, decía: "Para tener éxito la planificación sola es insuficiente. Uno debe improvisar también". Por muy atado que se quiera tener todo, la vida son cambios constantes y cambios que no podemos controlar. Por eso un cierto grado de improvisación y de intuición son elementos que nos ayudarán a obtener, junto con la planificación, siempre grandes resultados.

Si no dejas cosas al azar, la vida pierde parte de su encanto ya que nunca te sorprenderá. Y las sorpresas, nos gusten más o menos, nos activan todas nuestras emociones y recursos manteniéndonos más vivos que nunca.

MATAR A UN RUISEÑOR, 1962

"Nunca conoces realmente a una persona hasta que no has llevado sus zapatos y has caminado con ellos"

Ponerse los zapatos de otros es tener empatía. La empatía no es nada más que tener la capacidad de ponerse en el lugar de los demás. La empatía podríamos decir que es comprensión. Comprensión por la situación de los demás y compresión por entender a los demás. En esta comprensión deberíamos tratar de comprender los puntos de vista de los demás, las circunstancias personales, el estado anímico y emocional e incluso la trayectoria de la vida de los demás.

La empatía nos va a ayudar a conocer más intensamente a las personas y ese conocimiento profundo nos permitirá una mayor aceptación de los demás. La empatía nos permitirá ser mucho más indulgentes con los errores y defectos de los otros. Tener empatía no es estar de acuerdo al 100% con los demás, no es dejar de ser nosotros mismos. Tener empatía es mirar a los demás con sus propios ojos.

Muchos decimos que somos sociales, pero sin embargo no somos nada empáticos. La empatía es una habilidad social muy importante y necesaria. Como toda habilidad, no se nace con ella, sino que se adquiere con el tiempo. Una habilidad, además, que para adquirirla hay que entrenarla. Bernabé Tierno, psicólogo, pedagogo y escritor español, decía: "La empatía es la que nos convierte en arquitectos de nosotros mismos, para salir del yo al tú, aceptarlo, amarle, desearle felicidad y procurársela en lo posible. La empatía es la que hace posible la socialización, porque ayuda al yo a humanizarse, a enriquecerse y a lograr una convivencia mutuamente constructiva y gratificante con el tú, y de ahí llegar al nosotros social del todo para todos".

Cuando tenemos empatía somos capaces de sumergirnos en el mundo emocional del otro sin ahogarnos dentro de su mundo emocional. Heinz Kohut, psicoanalista austriaco, decía: "La empatía es la capacidad de pensar y sentir la vida interior de otra persona como si fuera la propia". Esto lo define muy bien su origen etimológico. Empatía es una palabra griega formada por dos raíces: 'em' que significa 'dentro' y 'patía (phatos)' que significa sentimiento o sufrimiento.

Las personas inteligentes suelen ser personas empáticas, ya que la empatía es un rasgo que se encuentra en la inteligencia de las personas. Augusto Cury, médico psiquiatra y escritor brasileño, decía: "La capacidad de colocarse en el lugar del otro es una de las funciones más importantes de la inteligencia. Demuestra el grado de madurez del ser humano".

La empatía es la única ideología capaz de cambiar el mundo.

CANTANDO BAJO LA LLUVIA, 1952

"¿De veras? Para mí todo es luminoso y el sol brilla por todas partes"

Una misma realidad, dos personas diferentes la perciben de distinta manera. Incluso una misma realidad la misma persona la percibe de forma diferente dependiendo de su estado de ánimo. Albert Einstein, físico alemán de origen judío, decía: "Todos percibimos la realidad de diferente forma y en función de cómo la percibimos, actuamos". Una misma realidad empresarial hace que haya personas que disfruten trabajando y otras que trabajen totalmente amargadas. Debes decirte cada mañana: 'Hoy va a ser un gran día'. Que seguramente no se cumplirá todos los días, porque cada día hay que resolver problemas, tomar decisiones incómodas y resolver conflictos inesperados. Pero si arrancamos cada uno de nuestros días con el pensamiento positivo de que será un gran día tenemos más facilidad para ver todo de forma más positiva y todos los problemas serán más llevaderos. Winston Churchill, político y periodista británico, decía: "Un optimista ve una oportunidad en toda calamidad, un pesimista ve una calamidad en toda oportunidad".

Es admirable ver todas aquellas personas que a pesar de los problemas y de las dificultades del día a día no dejan de ver el lado positivo de las cosas. Lo que hay que entender es que quizás no todos los días sean buenos pero seguro que hay algo bueno todos los días. Normalmente el optimista se recrea en lo positivo del día y el pesimista en lo negativo. John Robert Baines, egiptólogo británico, decía: "El primer paso para la solución de los problemas es el optimismo. Basta creer que se puede hacer algo, para tener ya medio camino hecho y la victoria muy cercana".

Eso sí, un optimismo inteligente, es decir, un optimismo realista y siempre valorando los medios de los que se dispone y las circunstancias en las que nos desenvolvemos. David Fischman, escritor y consultor internacional peruano, decía: "El optimismo puede ser nuestro peor enemigo cuando no está anclado en la realidad". Normalmente el optimista inteligente siempre tiene una planificación adecuada para llegar a su objetivo. Por el contrario, los pesimistas siempre encontrarán una excusa adecuada para no hacer lo que se tiene que hacer o para justificarse de no haber podido alcanzar sus metas.

El optimismo tiene mucho que ver con no quejarse y con intentar buscar siempre una solución desde un estado emocional saludable. William George Ward, teólogo católico y matemático inglés, decía: "El pesimista se queja del viento, el optimista espera que cambie y el realista ajusta las velas". Ese realismo es el que constituye el núcleo del optimismo verdaderamente inteligente.

LA LEY DE LA CALLE, 1983

"Tengo la sensación de pasarme la vida esperando algo."

Hay muchas personas que se pasan la vida esperando que las cosas ocurran. Lo mismo ocurre con muchas empresas. Esperamos que se solucione la crisis, esperamos que las personas con las que no conectamos cambien, esperamos mejorar nuestro nivel de vida, esperamos, esperamos y esperamos. Esperar significa tener esperanza, es decir, creer y desear conseguir algo. No basta con esperar que las cosas ocurran, no basta con desear algo si no se pasa después a la acción.

Además, vivir esperando que las cosas ocurran sin pasar a la acción es vivir en el futuro y la vida como ya hemos dicho varias veces, se vive en el presente. Hay empresas que se pasan la vida planificando y diseñando planes corporativos. Son verdaderas expertas en planificar, pero ese exceso de planificación les petrifica.

A nivel personal retrasamos todo a la espera de que llegue el fin de semana, de que lleguen las vacaciones o de que tengamos más tiempo. No esperes a que las cosas ocurran, haz que ocurran. Las cosas cambian cuando cambias tú. Qué curioso es que a las personas que mejor les va son las personas que no esperan que les ocurran las cosas y van a por a ellas. Pablo Picasso, pintor y escultor español, decía: "La acción es la llave fundamental de todo éxito". Cuantas veces oímos comentarios que empiezan tal que así: 'Cuando tenga más tiempo haré…', 'voy a esperar el momento oportuno para…' o 'algún día me pondré con…'. Estos comentarios son propios de personas no exitosas. Es como si ciertas personas se pasaran la vida esperando algo para hacer aquello que realmente quieren hacer. Las personas exitosas son personas orientadas a la acción en vez de a las excusas. Walt Disney, productor, director, guionista y animador estadounidense, decía: "La forma de empezar es dejar de hablar y empezar a actuar".

¿Por qué es difícil pasar a la acción? Pues porque actuar es trabajar. Ponerse en marcha conlleva esfuerzo. Stephen King, escritor estadounidense, conocido por sus novelas de terror, decía: "Los amateurs esperan sentados a que les llegue la inspiración. Los demás directamente nos ponemos a trabajar". Empieza ya, empieza cuanto antes. Por muy pequeña que sea la acción, las acciones diarias conllevan grandes resultados.

Solo esperar, sin acción, no produce ningún tipo de transformación, ni personal ni empresarial. Las empresas del mañana son las que a pesar de las dificultades ponen en práctica procesos, procedimientos y planes.

No esperes más y haz lo que quieres hacer antes de que se convierta en lo que te gustaría haber hecho.

LOS TELEÑECOS, 2011

"Sólo porque no hayas encontrado tu talento aún, no quiere decir que no lo tengas"

Todos nacemos únicos y diferentes. Todos nacemos con magia y destinados a ser felices y a triunfar. Esa magia con la que nacemos son nuestros talentos.

Por tanto, todos, absolutamente todos, tenemos talento. Todos hemos nacido con talento. Todos tenemos uno o varios talentos que nos hacen mágicos y especiales. Que no hayas identificado cuáles son tus talentos no significa que no los tengas.

No es necesario como creen algunas empresas que haya que ir a buscar el talento fuera de las empresas. Las empresas abren procesos de selección buscando el talento y los organismos crean órganos para atraer a personas con talento. El talento ya lo tienen todas las empresas en sus trabajadores. El problema es que muchas empresas no saben identificar el talento que tienen o no permiten desarrollar los talentos individuales de las personas que forman sus empresas u organismos.

Cada uno tiene talento en cosas diferentes. A medida que crecemos se piensa que sólo algunas personas tienen talento. De adultos parece como si el talento fuera un don que sólo algunas personas tienen. Las personas que mantienen sus talentos son personas que han perseguido con más ahínco aquello que les apasionaba y que se les daba bien hacer. Sin embargo, las personas que han ido perdiendo su talento se han ido dejando llevar por lo marcado en el entorno personal, formativo y empresarial. Nunca es tarde para volver a recuperar nuestros talentos.

Qué curioso es además que cuanto más próximos estamos de nuestros talentos más disfrutamos de la vida y de la empresa, y más felices somos. El talento sin esfuerzo y dedicación no sirve de nada. Como decía Anna Pávlova, famosa bailarina de ballet rusa: "Nadie puede llegar a la cima armado sólo de talento. Dios da el talento, el trabajo transforma el talento en genio".

¿Y cuál es tu talento o talentos? Pues si todavía no lo has identificado, tu talento está relacionado con aquello que te apasiona hacer, con aquello con lo que te diviertes. Es necesario identificar nuestro talento personal y que las organizaciones localicen y permitan que se desarrollen los talentos individuales. Ernest Miller Hemingway, escritor y periodista estadounidense, decía: "El talento consiste en cómo vive uno la vida".

El talento es algo que nadie te puede robar, que ninguna empresa te puede quitar. El talento lo tienes de siempre, venía contigo de serie al nacer. Que no se te olvide: 'Tú tienes talento'.

DESCALZOS POR EL PARQUE, 1967

"En el mundo hay dos clases de personas, los mirones y los que actúan."

Podríamos decir que hay dos tipos de personas las que actúan y las que no. Las que no actúan son personas que se pasan todo el día planificando y se quedan en la toma de decisiones. La actuación es necesaria para hacer cada vez más grande nuestra zona de aprendizaje. Aquellas personas con una zona de aprendizaje mayor son personas que continuamente están haciendo, experimentando, probando.

En las empresas como en la vida deberíamos provocar crear muchos más procesos centrados en la acción. Simplemente por pasar a la acción no se obtendrán los resultados deseados. La fase de la acción es posterior a la de la planificación y a la toma

117

de decisiones. Gustave Le Von, sociólogo y físico francés, añadía: "Para progresar no basta actuar. Hay que saber en qué sentido actuar".

La vida no es para los mirones. Los mirones se pasan todo el tiempo observando viendo la vida pasar. Y cuando la vida pasa a nuestro lado nos vamos quedando completamente atrás. Si sólo miramos no viviremos una vida plena, llena de experiencias que nos curtan por fuera y por dentro. Si sólo observamos no nos refrescaremos con las experiencias y sensaciones que nos ofrece la vida. Nicolas Chamfort, moralista lúdico y escéptico francés, decía: "La contemplación a menudo hace la vida miserable. Debemos actuar más, pensar menos y no preocuparnos demasiado".

En vez de sólo mirar es mejor actuar. Es mejor actuar y arrepentirse, que no actuar y arrepentirse de no haber actuado. Ante la mínima oportunidad que te ofrezca la vida, elige siempre actuar porque pasar a la acción te hará tener más experiencia en cualquier faceta de la vida. Alejandro Jodorowsky, artista franco-chileno, decía: "Cuando dudes de actuar, siempre entre hacer y no hacer escoge hacer. Si te equivocas tendrás al menos la experiencia". Por eso creo que es verdad ese dicho popular que dice que: "Unas veces te equivocas y otras aprendes". Siempre ganas si decides pasar a la acción frente a no pasar a la acción.

Cada vez que actuamos implica vencer miedos. Miedos que la mayor parte de ellos sólo están en nuestra forma de pensar y que probablemente jamás ocurrirán. Debemos ser conscientes que existen muchos menos miedos de los que pensamos. Muhammad Ali, boxeador estadounidense, decía: "El que no es lo suficientemente valiente para tomar riesgos, no va a lograr nada en la vida".

Entre mirar y actuar, elige actuar. Actuar es vencer nuestros miedos y en el peor de los casos ganar experiencia.

BATMAN BEGINS, 2004

"¿Sabes por qué nos caemos, Bruce? Para aprender a levantarnos."

Vivir es tropezar, caerse y levantarse. Algunos llaman a esto fracaso. No se cae, quien no intenta caminar. Caminar vale siempre la pena, aunque te caigas. Cuando aprendes un deporte como el ski, el surf o el skate asumimos que caerse es normal, que caerse es prácticamente una parte del proceso de aprendizaje. ¿Conocéis a alguien que haga ski, surf o skate y haya aprendido a hacerlo de forma correcta sin caerse varias veces? ¿por qué entonces en el resto de facetas personales y profesionales penalizamos tanto el caerse? La vida está llena de caídas a las cuales nos debemos sobreponer. Nos encontramos de forma continua con situaciones complicadas que nos quieren tumbar por completo e impedirnos que nos levantemos de nuevo. Algunas personas no lo superan. Algunas empresas tampoco. Simplemente piensan que no serán capaces de recuperarse y de superarlo. Hemos de recordar que estamos diseñados para superar grandes retos. No nos daremos cuenta de que estamos preparados para superar cualquier dificultad hasta que nos toque tomar la decisión de seguir adelante a pesar de las circunstancias. Como dice un proverbio ruso: "Caer está permitido, levantarse es obligatorio"

Al final el éxito es precisamente esto, caerse y volverse a levantar de forma continua. Si te caes siete veces y te levantas otras tantas seguro que alcanzarás lo que deseas. Si te caes y te levantas, es como si no te hubieras caído, es simplemente como si hubieras cogido impulso para tirar con más fuerza hacia delante. Por eso hoy en día está empezando a valorarse a aquellas personas y a aquellas empresas que se han caído pero que han sabido salir adelante a pesar de ello. Mario Benedetti, escritor y periodista uruguayo, decía: "La gloria no consiste en no caer nunca, sino más bien en levantarse las veces que sea necesario".

La vida, al final, no es más que sacrificar para poder ganar, no es más que perder para poder aprender, no es más que arriesgar para poder alcanzar y no es más que caerse para volver a levantarse. De hecho, aquellas personas que no sacrifican, que no pierden, que no arriesgan o que no se han caído nunca no sabrán cómo es posible que haya personas que ganen, que aprendan, que alcancen o que puedan levantarse. Aleksandr Kuprín, escritor ruso realista, decía: "El que no ha caído no sabe cómo es posible levantarse". Los secretos de la gente exitosa se esconden en su capacidad de levantarse cada mañana frente a cualquier contratiempo que tengan. Incluso, cuando te caes en lo más profundo, lo único que te queda es levantarte y ascender. En este momento sólo puedes levantarte, renacer e ir hacia arriba.

Si un día caes no te preocupes y haz como el sol que cae cada tarde y se levanta cada mañana.

EL LIBRO DE LA SELVA, 1967

"Déjalas correr, Mowgli. Son sólo lágrimas."

Todos tenemos un cerebro emocional. Un cerebro que nos provoca emociones, nos permite sentir y, por tanto, tener sentimientos. Sentimientos hacia los demás, pero también sentimientos hacia nosotros mismos. Todos tenemos sentimientos. Todos vivimos con múltiples sentimientos causados por diferentes emociones: miedo, rabia, tristeza, cólera, vergüenza, aversión, alegría, sorpresa o amor entre otros.

No podemos calificar lo que sentimos como positivo o negativo. Los sentimientos son un mecanismo de supervivencia desarrollado por la parte inteligente de nuestro cerebro que nos permite sobrevivir. Los sentimientos provocados por emociones que identificamos como negativas (ira, miedo o tristeza, por ejemplo) son esenciales en todo proceso de desarrollo personal ya que sin ellas no tendríamos los síntomas de alerta ante una situación de peligro o de energía que requiera una mayor fortaleza.

El mayor problema es la gestión que hacemos de cada una de las emociones según en el contexto en el que se desarrollen. El dar rienda suelta a nuestras emociones puede no ser beneficioso siempre. Lo que si debemos permitir es que todas ellas afloren en el contexto que se tengan que dar gestionándolas de la manera adecuada.

Lo que sentimos debemos dejarlo aflorar. Los sentimientos, al contrario que las cartas de póker, no se deben esconder. No importa si nos van a hacer ganar o perder, deben fluir. La vida es demasiado corta como para esconder tus sentimientos. No debemos tener miedo a dejar salir lo que sentimos. Dejar emerger lo que sentimos te permitirá tener relaciones de amistad más fuertes y duraderas, te permitirá apasionarte y enamorarte con intensidad o te permitirá luchar y perseguir aquello que amas de verdad. Nunca guardes ni escondas tus lágrimas, los sentimientos reprimidos oxidan y desgastan tu vida.

La velocidad del día a día, la competencia y el salir adelante nos hace personas que sentimos muy poco. Hoy en día sentir es algo anormal y mostrar los sentimientos algo casi extinguido por completo. Fernando Pessoa, poeta y escritor portugués, decía: "Sentir es un pensamiento extravagante".

Puedes cerrar los ojos a aquellas cosas que no quieres ver. Puedes dejar de escuchar aquellas cosas que no quieres oír. Pero no puedes vivir una vida cerrando tu corazón a todo aquello que tu entorno te hace sentir.

Si no sientes, y muestras tus sentimientos, no vives de verdad.

LA PLAYA, 1999

"Lo importante no es a dónde vas, sino cómo te sientes en el momento en que llegas a formar parte de algo"

No se puede tener todo controlado. Una cosa es planificar en base a los objetivos marcados y otra muy distinta es no salirse para nada de lo estrictamente planificado. Si no dejas nada al azar estarás cerrando las puertas a lo nuevo, al cambio o a la creatividad.

Tan importante es saber a dónde vas como conocer quiénes son tus compañeros de viaje. Cuando formas parte de un colectivo, con una ilusión común y un reto a alcanzar, el saber claramente la dirección exacta o los planes a acometer quedan en segundo lugar. Si además de ir en compañía aportamos y ayudamos a los que nos rodean a crecer y a mejorar llegaremos antes a nuestras metas personales y profesionales. Napoleon Hill, escritor de superación personal estadounidense, decía: "Es literalmente verdad que puedes tener éxito y más rápido al ayudar a otros a tener éxito". Cuando colaboras con los de tu equipo estas inconscientemente ayudándoles a su crecimiento personal y cuanto más crezcan ellos más crecerás tú.

El trabajo en equipo refuerza claramente el camino para alcanzar los objetivos propuestos, aunque en ocasiones no se tenga clara la dirección a seguir. El no tener clara una dirección también provocará que se opte por el camino menos transitado, un recorrido que pocos han escogido y que puede marcar claramente la diferencia en nuestros procesos empresariales o personales. Cuando no formas parte de un conjunto te sentirás incompleto. Oscar Wilde, escritor, poeta y dramaturgo de origen irlandés, decía: "Formar parte de la sociedad es un fastidio, pero estar excluido de ella es una tragedia".

Formar parte de un grupo de amistades o formar parte de un equipo empresarial no significa dejar de ser nosotros mismos. No se trata de elegir entre el grupo o el equipo y nosotros. Se trata de seguir siendo nosotros mismos aportando nuestra individualidad al colectivo, y nutriéndonos de la generalidad y diversidad del conjunto de personas que lo constituyen. Emily Giffin, escritora americana, decía: "Todo el mundo quiere pertenecer, o ser parte de algo más grande que ellos mismos, pero es importante que sigan su corazón y sean fieles a sí mismos en el proceso".

Hay personas que buscan lo que puede aportarles formar parte de algo cuando lo que de verdad deberían preguntarse es lo que ellos pueden ofrecer. Cuando te sientes parte de lo que haces y además te encuentras acompañado en el proceso es cuando de verdad estás cerca de lograr tus objetivos. Henry Ford decía: "Ir juntos es comenzar, mantenerse juntos es progresar. Trabajar juntos es triunfar".

CASHBACK, 2006

"La mala noticia es que el tiempo vuela, la buena es que tú eres el piloto"

El tiempo es el bien más preciado. El tiempo es finito. El tiempo de cada día es el mismo para todas las personas. Con el tiempo no se puede mercadear. El tiempo sólo se puede gestionar. El tiempo no se puede estirar.

Si eres el dueño de tu tiempo, eres el dueño de tu vida. Si tu controlas tus tiempos, tú serás el que marcará las decisiones a tomar y los caminos a recorrer. Si tu diriges tu vida no conseguirás estirar el tiempo, pero lo podrás ensanchar.

Muchas personas confunden la libertad laboral o la libertad financiera con ser dueños de su tiempo. La pregunta que deberías hacerte para saber si diriges tu vida es si puedes hacer hoy aquello que deseas y en el momento que deseas. Si la respuesta es negativa no controlas el tiempo, no diriges tu vida.

A nivel profesional, acuérdate además que, si tu no manejas y distribuyes tu tiempo otros te contratarán para gestionar su tiempo. Son muchas las personas que no gobiernan su tiempo, y donde el tiempo les controla a ellos. Este tipo de personas son normalmente aquellas que siempre postergan todo lo que realmente desean hacer para cuando vengan tiempos mejores. No significa controlar hasta el más mínimo detalle, sino controlar el tiempo de que se dispone para tener la actitud adecuada en cada situación y poder hacer frente a las situaciones que nos propone la vida. Zig Ziglar, escritor y orador motivacional estadounidense, decía: "No puedes controlar todas las situaciones de tu vida, pero si puedes controlar todas las actitudes hacia esas situaciones".

No es por ello casualidad que cuanto más controlas tu tiempo mayor es tu capacidad de aprendizaje, y cuanto más aprendemos y mayor es nuestra zona de aprendizaje, más acciones realizamos y más dispuestos estamos para acometer cualquier cambio en nuestras vidas. Cuando esto es así podríamos decir que somos los pilotos de nuestra vida, que llevamos los mandos de la misma. John Quincy Adams, sexto presidente de los Estados Unidos, decía al respecto: "Si tus acciones inspiran a otros para soñar más, aprender más, hacer más y cambiar más, tú eres un líder".

Cuando eres el líder de tu vida tienes claro a donde te diriges y además pones los recursos adecuados para llegar allí. John Erskine, pianista y compositor americano, decía: "En pocas palabras, un líder es un hombre que sabe adónde quiere ir, se pone de pie y va". Cuando se tiene claro el objetivo ponerse a caminar en la dirección correcta ya no es tan complicado.

Si tú no controlas tu vida, la vida te controlará a ti.

PROMETHEUS, 2011

"Las grandes cosas tienen pequeños comienzos"

Todo lo grande ha sido pequeño antes. Suelen decir que si quieres construir un muro no intentes construir un muro. Pon el foco en poner cada día un ladrillo de la mejor forma que se pueda poner para formar un muro fuerte y grande. Cuando te des cuenta tendrás ante ti un robusto y enorme muro.

Una vez que hemos fijado adonde queremos llegar deberemos fijar los trabajos a desarrollar cada día donde cada uno de ellos nos encamine a llegar a nuestro objetivo. Por otro lado, el realizar pequeñas acciones de manera continua hará que estas acciones se conviertan en hábitos al cabo de cierto tiempo y que una vez convertidos en hábitos ya no nos cueste implementar.
El tener hábitos en el mundo empresarial, nos permite desarrollar habilidades que serán para toda la vida. Horace

Mann, educador y reformador estadounidense, decía: "El hábito es como un cable; nos vamos enredando en él cada día hasta que no nos podemos desatar".

Al final los pequeños pasos, los minúsculos esfuerzos nos conducirán sin remedio a óptimos resultados. Pero dar el primer paso es siempre lo más complicado. El primer paso no te llevará nunca a donde te quieres dirigir, pero te irá acercando progresivamente a dónde quieres llegar. No hay ninguna persona o empresa exitosa que no haya empezado por un primer paso. El éxito se alcanza convirtiendo cada pequeño paso en una meta y cada meta en un gran paso. Michel Jordan, jugador de baloncesto de la liga profesional americana decía: "Paso a paso. No concibo ninguna otra manera de lograr las cosas".

Cuando dudes de si dar o no dar el primer paso acuérdate de lo que decía un proverbio chino: "Aquel que lo piensa mucho antes de dar un paso, se pasará su vida completa en un solo pie", o lo que es lo mismo, se pasará toda la vida sin dar el primer paso y arrepintiéndose de no haber llegado donde deseaba. Si no pierdes el miedo para dar ese pequeño impulso inicial siempre te encontrarás en el mismo lugar.

Para un pequeño comienzo es necesario también tener fe en lo que se quiere conseguir, esperanza de que se alcanzará y confianza en que se llegará. Martin Luther King, pastor estadounidense de la iglesia bautista, decía: "Fe es dar el primer paso, aunque usted no vea el final de la escalera". No ver el final del túnel no tiene que amedrentarnos para no comenzar a atravesarlo.

Para muchas acciones deberemos seguir una vida 'kaizen' donde no nos preocupe el tamaño de la meta a alcanzar y cada día realicemos una pequeña acción que nos encamine a ella.

Cada pequeño paso nos hace estar hoy mejor que ayer y mañana mejor que hoy.

FITZCARRALDO, 1982

"Sólo los soñadores mueven montañas"

Todos los inventos, las grandes gestas y las grandes empresas han surgido de personas soñadoras. Todo lo que conocemos en la actualidad ha sido concebido porque alguna persona que primero lo imaginó. Por tanto, no hay nada imposible de crear.

Lo que si ocurre es que para muchas cosas que se han soñado o imaginado no se tiene todavía el conocimiento o los recursos necesarios para hacerlas realidad. Julio Verne, escritor, poeta y dramaturgo francés, decía: "No hay nada como imaginar para crear el futuro, ya que lo que hoy es una utopía será carne y sangre mañana". Si puedes soñarlo puedes hacerlo. Todos soñamos cuando dormimos, pero no todos soñamos despiertos. No todos tenemos la creatividad a flor de piel en nuestro día a día.

El poder de soñar en el día a día es el paso previo para convertir un sueño en realidad. Soñar despierto parece fácil, sin embargo, es muy, pero que muy difícil. Los mejores sueños ocurren cuando despertamos, porque al despertar es cuando podemos dejar aflorar a la creatividad. Son pocas las personas que se replantean lo establecido y que se imaginan un mundo diferente. Albert Einstein, físico alemán de origen judío, decía: "Si crees en los sueños estos se cumplirán porque creer y crear sólo están a una letra de distancia". Cuando crees que algo será posible pondrás todo tu ingenio y todos tus recursos para crearlo. No hay montañas inalcanzables, lo que hay son caminos no descubiertos o medios no utilizados para subir a esas cimas.

Las personas soñadoras son personas imaginativas. ¿Cómo es posible que no todos seamos soñadores para conseguir grandes resultados si todos nacemos imaginativos? Pues porque la imaginación desaparece con el tiempo si no se trabaja. No todos tenemos imaginación para las mismas cosas. Cuanto más imaginativos seamos, más facilidad para mover montañas. Por supuesto que cualquier sueño que se quiera hacer realidad hay que aliñarlo con los ingredientes de trabajo, trabajo y trabajo. Colin Powell, militar y político estadounidense de origen jamaicano, decía: "Un sueño no se hace realidad mágicamente; se necesita sudar, determinación y trabajo duro". La imaginación, por tanto, hay que trabajarla.

La primera fase de la imaginación consiste en soñar que todo lo que se quiere crear es posible. No permitas que tus sueños, que tus ideas, mueran en el olvido. ¿Sabéis donde se pueden encontrar las ideas o los sueños más maravillosos? En el cementerio. Allí están todos aquellos sueños que las personas se llevaron porque no los pusieron en práctica, porque no los vivieron o porque no se atrevieron a mover con ellos sus montañas. Soñar empresarialmente es visualizar dónde se quiere llegar. La visualización es una de las claves del éxito empresarial.

BLANCANIEVES Y LA LEYENDA DEL CAZADOR, 2012

"Una debilidad es una debilidad sólo si tú la ves así."

Todos hacemos cosas bien y cosas que no hacemos tan bien. Todos tenemos fortalezas y todos tenemos debilidades. Tus debilidades no deben mermar tus capacidades para afrontar tus retos. Si te centras en tus fortalezas las probabilidades de éxito son mucho más altas. Siempre puedes además convertir tus debilidades en fortalezas. Sigmund Freud, médico neurólogo austriaco de origen suizo, decía: "Nuestros complejos son la fuente de nuestra debilidad, pero con frecuencia, son también la fuente de nuestra fuerza". En el mundo laboral, las empresas intentarán destacar y hacer hincapié en tus debilidades, pero éstas sólo te afectarán si tú quieres que te afecten.

Desde pequeños, si somos más gorditos, hablamos menos o tenemos unas aficiones diferentes siempre nos encontraremos a alguien que nos lo hará ver como una debilidad. Si tenemos gafas, siempre tendremos a alguien que aprovechará para destacar su vista frente a la nuestra y si no tenemos unas grandes facultades innatas deportivas siempre habrá alguien que nos intentará dejar de lado. Al final, las personas intentarán descubrir tus debilidades para destacar por encima de ti. Debes aprender a convivir en un entorno donde las personas y las empresas, en vez de destacar sus fortalezas, quieren crecer a costa de las debilidades ajenas. Jaques Bénigne Bossuet, clérigo, predicador e intelectual francés, decía: "Lo más peligroso de todas las debilidades es el temor a parecer débil".

Si sabemos aprovechar nuestras debilidades y hacer además que no nos influyan los comentarios negativos sobre las mismas saldremos fortalecidos. No olvides además que lo que para unos es una debilidad para otros es una fortaleza. Si dejamos que venzan nuestras debilidades, nuestra capacidad de acción quedara limitada. Antonio Cánovas del Castillo, político e historiador español, decía: "La debilidad es bien sabido que llega a ser, de cuando en cuando, mucho más violenta y cruel que la energía de la voluntad verdaderamente firme y segura de sí misma".

Adquirir un mayor conocimiento personal para identificar nuestras debilidades y determinar las acciones necesarias para fortalecer aquellas que creemos esenciales es clave para convivir con nuestras debilidades de forma exitosa. Muchas veces contar con ayuda cercana nos puede ayudar a superar aquellas debilidades que para nosotros son un muro infranqueable de verdad. No podemos pensar que no tenemos debilidades y vivir una vida como si sólo poseyésemos fortalezas.

Tus debilidades en el tiempo 'ahora' pueden ser tus fortalezas en el tiempo 'mañana'.

ALGUIEN VOLÓ SOBRE EL NIDO DEL CUCO, 1975

"Pero lo he intentado, ¿no?. Maldita sea, al menos lo he intentado."

Todo aquello que no se intenta no se consigue. Intentar, intentar, intentar y seguir intentándolo en todo momento es lo que permitirá que nos convirtamos en expertos en algo y que logremos alcanzar nuestras metas.

Muchas veces buscamos pensamientos como: 'No voy a poder', 'no tengo las facultades adecuadas', 'esto no es lo mío', 'hay gente que lo hace mejor que yo', 'es muy difícil' o 'esto es imposible'. Estos mecanismos son construcciones mentales a las que nos aferramos para no intentar las cosas. Intentar está muy relacionado con experimentar.

Intentar nos ayuda a equivocarnos, corregir y avanzar. Es la única forma de mejorar como persona y de que las empresas puedan avanzar.

Si no creamos procesos de enseñanza o caminos empresariales, donde nos permitamos intentar las cosas o donde se favorezca intentar realizar acciones de forma diferente, no daremos paso a la creatividad ni a la aparición de la tan ansiada innovación. Thomas Alva Edison, empresario y prolífico inventor estadounidense, decía sobre ello: "Los que dicen que algo es imposible no deberían molestar ni interrumpir a los que lo están haciendo". De hecho, fue Thomas Alva Edison el que tuvo que realizar más de 6.000 intentos para poder finalmente desarrollar la primera bombilla.

Es mejor intentar las cosas que pasarse toda la vida preguntándose qué hubiera pasado. Así mismo, cuando vayas a intentar algo da todo lo que tienes y ve hasta el final ya que sino no merece la pena intentarlo. Vincent Van Gogh, pintor neerlandés, se preguntaba: "¿Qué sería de la vida si no tuviéramos el valor de intentar algo nuevo?".

Cada vez que quieres enfrentarte a algo e intentarlo tendrás dos opciones. Una es tirar la toalla antes de intentarlo y la otra es coger esa misma toalla, utilizarla para secarte el sudor de la frente y continuar intentándolo. Intentar mejorar es bueno y positivo, pero siempre sin creer que somos los mejores y sin pensar que estamos por encima de los demás. Juan Manuel Fangio, automovilista de velocidad argentino, decía: "Hay que intentar ser el mejor, pero nunca creerse el mejor".

Vence tus miedos, arrincona los riesgos e intimida a los problemas para poder cada día intentar acciones que te encaminen a esa vida que deseas de verdad.

Intentarlo es la antesala de conseguirlo.

MARY POPPINS, 1964

"Todo trabajo tiene algo divertido y si encontráis ese algo, se convierte en un juego."

Dicen los expertos que no hay aprendizaje sin diversión. Sin diversión no hay atención, sin atención no hay retención y sin retención no hay aprendizaje. Suelen decir además que si cada día de tu actividad profesional fuera como un juego no trabajarías el resto de tu vida. Thomas Alva Edison, empresario y prolífico inventor estadounidense, decía: "Nunca tuve un día de trabajo en mi vida, todo era diversión".

Hoy en día las empresas que mejor funcionan son las que dejan jugar a las personas que forman parte de las mismas. Jugar, significa experimentar, jugar significa innovar y jugar significa disfrutar del trabajo sin miedo al qué dirán. Siempre puedes encontrar el lado divertido de cualquier actividad profesional. Habrá actividades que irán más acordes con tu forma de ser y de vivir, y otras que te costarán más, pero siempre, siempre, siempre, podrás encontrar el lado divertido de las cosas. Como decía también Enrique Jardiel Poncela, escritor y dramaturgo español: "Cuando el trabajo no constituye una diversión, hay que trabajar lo indecible para divertirse".

Me gusta recordar a mis cinco hijos de pequeños en el parque acercándose a niños desconocidos y dónde simplemente les preguntaban ¿juegas? Si ya de adultos fuésemos capaces de llegar a nuestro trabajo un lunes por la mañana y decirles a nuestros compañeros ¿jugais?, cuántas cosas mejorarían en la motivación dentro de los equipos de trabajo y cuánto mejoraría la productividad dentro de las organizaciones. Richard Branson, empresario de negocios inglés de la marca Virgin, decía: "Sobre todo recuerde divertirse. Eso lo mantiene a usted y a sus compañeros entusiasmados y motivados".

Hemos nacido para jugar. Hemos nacido para divertirnos. Oscar Wilde, escritor, poeta y dramaturgo de origen irlandés, decía: "El único deber es el deber de divertirse terriblemente". Sin embargo, cuando nos hacemos mayores parece que no está socialmente bien visto jugar y divertirse. Parece como si hacerse mayor fuera opuesto a diversión. A veces parece incluso que si un grupo de trabajo se ríe y se divierte trabajando es que no están rindiendo al máximo. Friedrich Schiller, poeta, filósofo e historiador alemán, decía: "La diversión es como un seguro, cuanto más viejo eres más te cuesta". Al final podríamos decir que te hiciste mayor y dejaste de divertirte cuando te empezó a importar más el qué dirán o el mancharte jugando que divertirte.

Busca la diversión en todo lo que hagas independientemente de la edad, el status o el momento. La diversión es la fuente de la juventud y el camino hacia tu propósito de vida.

OLVÍDATE DE MÍ, 2004

"Hablar constantemente no implica que nos estemos comunicando."

Somos demasiado profesionales. A veces la profesionalidad oculta por completo la importancia de transmitir emociones y de utilizar éstas para comunicar. Tan importante es la comunicación verbal como la comunicación no verbal. Hay personas que comunican completamente fundidas, que comunican casi apagadas sin transmitir nada a los demás. Sin embargo, hay otras personas que parece que tienen vatios de sobra. Más importante que lo que decimos es cómo lo decimos.

Un día un cliente me dijo que él tenía que decir todo lo que pensaba, que eso era ser honesto. Nada más lejos de la realidad, comunicar a veces, no es decir todo lo que se quiere o todo lo que se piensa. El silencio también es parte de la comunicación.

En los procesos de gestión comercial, la comunicación no verbal tiende incluso a ser más importante que la comunicación verbal. Transmitir cercanía, generosidad, amabilidad y empatía son las claves para conseguir ser la mejor versión de nosotros mismos y poder aplicarlo a cada proceso de vida personal y profesional.

En los procesos de comunicación tan importante es lo que se dice como lo que no se dice. Peter Ferdinand Drucker, abogado y tratadista austriaco, decía: "Lo más importante en la comunicación es escuchar lo que no se dice". Estar atentos a las emociones, a los gestos o a las sensaciones puede aportar más a la comunicación que la propia comunicación en sí misma.

Un buen liderazgo tiene mucho que ver con cómo nos comunicamos con los demás. Simon Sinek, escritor y motivador inglés, decía: "El liderazgo es una forma de pensar, una forma de actuar y, sobre todo, una forma de comunicarse".

Ante los conflictos la mejor herramienta es la comunicación. La comunicación es enfrentarse a los problemas con la intención de resolverlos. Por eso María Teresa de Calcuta, monja católica de origen albanés, decía: "La primera necesidad es comunicarse". Si no somos capaces de comunicarnos no somos nada, no conseguiremos nada.

Muchas veces hablamos, hablamos y hablamos y pensamos que hemos tenido una comunicación. Nada más lejos de la realidad. George Bernard Shaw, dramaturgo, crítico y polemista irlandés, decía: "El problema más grande de la comunicación es la ilusión de que ha tenido lugar". En bastantes ocasiones, no somos conscientes de cuando comunicamos y cuando no. La percepción de una buena comunicación es un gran paso para ser un buen comunicador. Para comunicarnos de forma efectiva debemos darnos cuenta que cada persona es única y diferente. Todos percibimos el mundo de forma diferente y en base a ello es nuestra comunicación con los demás.

SHREK, 2001

"Tras un tiempo, aprendes a ignorar lo que los demás te dicen y confiar en ti mismo."

Existe la confianza personal y la confianza empresarial. Hay personas o empresas que dicen que confían un poco o que confían mucho. La confianza se tiene o no se tiene. No existe la confianza a medias tintas. La confianza es al 100%. Cuando hablamos de confianza hablamos de tener la absoluta certeza de que las personas van a actuar de la mejor forma posible.

Es de vital importancia destacar también la confianza en uno mismo. Tener confianza en uno mismo es no tener dudas a la hora de intentar y de probar nuevos caminos. Como decía Earl Grey Stevens, poeta estadounidense: "La confianza, como el arte, nunca proviene de tener todas las respuestas, sino de estar abierto a todas las preguntas". Muchas veces se nos olvida el verdadero potencial que poseemos y dudamos de nosotros mismos no dándonos ni un voto de confianza. Me encanta una frase popular que dice: "Un pájaro posado en un árbol nunca tiene miedo de que la rama se rompa, porque su confianza no está en la rama, sino que está en sus propias alas". No te olvides que la confianza empieza por ti mismo. No puedes convertirte en una persona exitosa si no tienes confianza en ti mismo. Carl Lewis, atleta estadounidense especialista en pruebas de velocidad y salto de longitud, decía: "Si no tienes confianza siempre encontrarás una forma de no ganar". Cuando tu confianza flaquea, se debilitan tus posibilidades de alcanzar tus metas. Cuando la confianza se quiebra, es difícil recuperarla.

En las relaciones, la confianza es esencial. Es fácil perdonar los errores de los demás, pero es muy difícil reconstruir la confianza perdida. Una vez des tu confianza a los demás, habrás abierto un proceso de ida que no tiene proceso de vuelta. La confianza no es un tesoro que se deba buscar, encontrar o comprar. La confianza se construye partiendo de uno mismo y después ganándose la confianza de los demás. Grant Cardone, escritor y orador americano, decía: "La confianza en sí mismo es el único vestuario que no te puedes comprar". Cuanto más sincero seas, cuanto más fiel te comportes, más confianza serás capaz de cosechar. La confianza es algo que se construye paso a paso, con cada acción. Sin embargo, la confianza se pierde en un abrir y cerrar de ojos.

La falta de confianza provoca malestar y dolor. No hay peor sentimiento que la desconfianza. Si los demás no confían en nosotros, es complicado que nosotros confiemos en nosotros mismos. Friedrich Wilhelm Nietzsche, filósofo y poeta alemán, decía: "Lo que más me abruma no es que me hayas mentido, sino que ya no podré confiar más en ti". La confianza perdida es difícil de recuperar. La confianza es uno mismo es el primer paso para éxito.

CRÓNICA DE UN ENGAÑO, 2008

"Los fracasados somos buenos embelleciendo las cosas."

Es necesario fracasar. Fracasar es haber experimentado y errado. Fracasar es haber vivido probando cada aspecto de la vida. Qué casualidad que a las personas que mejor les va en la vida son las personas que más veces han fracasado. y qué casualidad que a las empresas que mejor les va son las empresas que en más ocasiones han errado. El éxito se alimenta del aprendizaje de los fracasos. Winston Churchill, político y periodista británico, decía: "El éxito es ir de fracaso en fracaso sin desesperarse". Normalmente las personas que más veces se han equivocado son personas que se fijan más en los detalles, personas que saben ver las pequeñas cosas buenas. Sólo serás un fracasado si has cometido un error y no has sido capaz de convertir en experiencia lo aprendido con el mismo. Henry Ford, fundador de la compañía automovilística Ford Motor

Company, decía: "El fracaso es la mejor forma de empezar de nuevo con más inteligencia". Fracasar te permitirá ver la realidad de forma diferente y de saber aprovechar lo bello y hermoso de cada momento. Cada fracaso es un inicio para volver a empezar más fortalecido.

Cuando un niño no anda correctamente, o cuando pasan los años y todavía se le traba la lengua al hablar nadie lo estigmatiza como fracasado. Todos entendemos que los errores que comenten los niños son parte de su proceso de aprendizaje. ¿Por qué de adultos cambiamos de nombre a los errores? Charles Dickens, escritor y novelista inglés, decía: "Cada fracaso nos enseña algo que necesitamos aprender". Todo es experiencia y de todo se puede aprender algo. Siempre puedes hacer una lectura positiva o una lectura negativa.

Debemos sacar pecho y seguir adelante a pesar de los comentarios negativos de los demás sobre nuestros fracasos. Tenemos que controlar también nuestra forma de pensar, valorándola no como un fracaso sino como parte de nuestra evolución positiva. Richard Branson, empresario de negocios inglés de la marca Virgin, decía: "No te avergüences nunca de tus fracasos, aprende de ellos y comienza de nuevo".

Hay muy pocas cosas que se pueden aprender del éxito y sin embargo muchas que se pueden aprender de los fracasos. Es importante celebrar cada uno de tus buenos resultados, pero mucho más importante es estar atentos a las lecciones que te van dando los errores. Tu éxito estará cada vez más cerca si sabes leer los posos que deja el errar. Colin Powell, militar y político estadounidense de origen jamaicano, decía: "No hay secretos del éxito. Éste se alcanza preparándose, trabajando arduamente y aprendiendo del fracaso".

Celebra los fracasos, los contratiempos y la incertidumbre porque son pequeños pasos para el éxito también.

EL VERANO DE SUS VIDAS, 2012

"No dejes de buscar nunca lo que no está"

Todos nacemos curiosos. No deberíamos perder la curiosidad por las cosas. Tener curiosidad es tener a flor de piel las ganas de aprender y de experimentar. Los niños no dejan de aprender debido a la curiosidad por todo lo que les rodea. Tener curiosidad implica preguntarse de forma constante todo lo establecido. Edmund Burke, escritor, filósofo y político irlandés, decía: "La primera y más simple emoción que descubrimos en la mente humana es la curiosidad". Podríamos decir que la curiosidad son todos aquellos resortes dentro de nuestro comportamiento que nos impulsan a conocer y a descubrir todo nuestro entorno y a interactuar con todas las personas que nos rodean.

Por tanto, cuando perdemos curiosidad perdemos la capacidad de asombrarnos. La curiosidad se pierde cuando no hay nada a nuestro alrededor que nos estremezca de verdad. José Saramago, escritor y periodista portugués, decía: "La vejez empieza cuando se pierde la curiosidad". Envejecemos cuando dejamos de ser curiosos. La falta de curiosidad mata a las empresas que se limitan siempre a hacer de la misma manera las cosas. Hay que ser curiosos toda la vida y buscar todo aquello que se desee, aunque no se encuentre siempre.

Los procesos educativos actuales tanto familiares como formativos o empresariales matan de forma drástica la curiosidad. Albert Einstein, físico alemán de origen judío, ya lo decía: "Es un milagro que la curiosidad sobreviva a la educación reglada". Cuantas más normas limitantes pongamos en todo proceso de acción y cuantas más veces instauremos procesos de aprendizaje que no se basen en la experimentación y la prueba-error más limitaremos la curiosidad. Luis Eduardo Aute, cantautor y poeta español, decía: "Si perdemos la curiosidad no hay nada; no hay reflexión y, por tanto, no hay conocimiento y no hay ninguna posibilidad de saber, de llegar al final de algo. Sin curiosidad directamente no estas vivo".

Para volver a recuperar la curiosidad perdida basta con dar un pequeño paso hacia aquello que nos apasiona. La curiosidad se recupera más rápido cuando ya hemos iniciado el camino y tenemos algo de información sobre un tema que nos interesa de verdad. Sin curiosidad no se vive intensamente. Eleanor Roosevelt, escritora y primera dama y mujer del presidente de Estados Unidos, decía: "Yo no podría, a ninguna edad, ser feliz estando sentada junto a la chimenea y simplemente mirar. La vida fue propuesta para ser vivida. La curiosidad debe mantenerse viva. Uno no debe, por ninguna razón, volverle la espalda a la vida".

Las mejores respuestas de la vida siempre surgen desde la curiosidad.

BRAVEHEART, 1995

"Todos los hombres mueren, pero no todos realmente viven"

Hemos priorizado tener un status social, un poder adquisitivo o una cierta notoriedad sobre tener una buena vida de verdad. Nos educan y enseñan con un único patrón en la forma de vivir y no es precisamente el de vivir una vida de verdad, una vida plena y con sentido.

Está claro que todos moriremos algún día, pero lo que también está claro es que no todos los que mueren han vivido de verdad. Si no has vivido todo lo que has deseado o no has tenido el coraje de acometer aquello que te apasionaba, no habrás vivido. Si no has saboreado los momentos más que las cosas, no habrás vivido. Si el trabajo te parecía trabajo y no vida, no has vivido. Y si no has compartido con las personas que más has querido los mejores momentos, no habrás vivido. En realidad. no se trata de vivir con muchos o pocos bienes, sino que se trata de dar significado a cada momento vivido.

Vivir no es simplemente existir y cubrir las necesidades básicas que podamos tener. Vivir es tener un sentido de vida. Se trata de tener un por qué y un para qué personales. Debe ser un propósito de vida individual y no prestado. Cuando tenemos claro la forma en que deseamos vivir es cuando exprimimos cada segundo del día y nos acostamos con la sensación de haber vivido de verdad. Albert Einstein, físico alemán de origen judío, decía: "Si quieres vivir una vida feliz átala a una meta, no a una persona o a un objeto". Las personas que tienen claras sus metas en la vida viven más intensamente, viven mucho más en libertad. Por el contrario, si de forma continua, vinculas tu felicidad con el lugar donde vas de vacaciones, con la casa o el coche que tienes o con el gran puesto que desempeñas en la empresa algún día ten por seguro que te preguntarás porque no le has dado un sentido a tu vida. Mejor vivir más experiencias que tener más cosas materiales. Invierte tu tiempo en momentos de vida.

Sin embargo, a lo largo de nuestra existencia aprendemos cantidad de cosas, pero muchos de nosotros no aprendemos a vivir de verdad. Martin Luther King, pastor estadounidense de la iglesia bautista, decía: "Hemos aprendido a volar como los pájaros y a nadar como los peces, pero no hemos aprendido el sencillo arte de vivir juntos como hermanos".

La vida no es fácil. La vida son también contratiempos, problemas e incertidumbre. Pero a pesar de todo ello merece la pena ser vivida. La vida se parece más a una batalla que a un baile. Mahatma Gandhi, pensador y político hinduista indio, decía: "Vive como si fueras a morir mañana. Aprende como si fueras a vivir siempre".

La felicidad no está en el vivir sino en el saber vivir.

COSAS QUE IMPORTAN, 1998

"Es mucho más fácil ser feliz, es mucho más fácil elegir amar las cosas que tienes en vez de anhelar siempre lo que te falta o lo que tú imaginas que te falta."

Robert Fisher en su libro "El caballero de la armadura oxidada" escribía: "¿Habéis visto alguna vez a algún conejo esperar a que deje de llover para salir a jugar? Esa es la gran diferencia entre los animales y los seres humanos. Los animales 'aceptan' y los seres humanos 'esperan'.

El esperar siempre que las cosas ocurran o que las cosas cambien para que algo mejore es cargarse de frustraciones y estrés debido a que gran parte de lo que esperamos no ocurrirá nunca. En cambio, si aceptamos aquellas cosas que no podemos controlar o cambiar nos centraremos en cambiar nosotros para conseguir aquello que deseamos de verdad. Es mejor disfrutar y centrarse en lo que uno tiene que en lo que a uno le falta.

Cuando esperas que las cosas ocurran estás poniendo el foco en los demás, en el entorno. Las empresas grandes no esperan a que cambie la situación económica del país o que aprueben leyes beneficiosas para su sector, sino que aceptan lo que hay y con ello se ponen a trabajar y a tirar hacia delante mejorando cada día. Bruce Lee, maestro de artes marciales y actor estadounidense de origen chino, decía: "Esperar que la vida te trate bien porque seas una buena persona, es como esperar que un tigre no te ataque porque seas vegetariano". Haz las cosas sin esperar nada a cambio y te sorprenderás de los resultados que puedes obtener. Esto no es por arte de magia, sino porque te has dado cuenta que aceptando lo que no puedes controlar, tú te conviertes en el foco para alcanzar lo que deseas.

Céntrate en lo que tienes y no en lo que te falta. Si pones el foco en lo que posees disfrutarás al máximo cada momento. Muchas veces pensamos que nos falta algo cuando en realidad lo tenemos todo. Muchas veces miramos más anhelando lo que tienen otros cuando en realidad poseemos más que los demás.

La cima no se alcanza superando a otras personas sino superándose a uno mismo. A lo más alto no se llega mirando constantemente las vidas ajenas sino centrándose en la propia vida. Cuando pones la mirada en tu vida es cuando empiezas a estar alineado con tu propósito vital y cuando es probable que alcances lo que deseas. Ama lo que tienes y no lo que no tienes. Quiere lo que posees y no lo que imaginas que no posees. Cuando esto sea así, te darás cuenta que es muy poco lo que te falta y mucho lo que ya tienes.

El secreto de la felicidad es vivir sin anhelar.

KUNG FU PANDA, 2008

"El ayer es historia, el mañana un misterio, pero el hoy es un obsequio."

Las metas se consiguen en el presente. Los cambios se originan en el hoy. Vivir es en el tiempo 'ahora'. Además, si quieres provocar cambios en el futuro te debes centrar en el presente. Nunca es tarde para empezar a provocar cambios en el futuro con la experiencia del pasado desde el ahora.

Tienes que tener claro que tu futuro no está escrito y desde el presente puedes diseñar aquel futuro que desees obtener. Joyce Meyer, autora y conferenciante cristiana norteamericana, decía con acierto: "Aprende del pasado, prepárate para el futuro, pero vive el presente".

Al final la diferencia entre donde te encontrabas ayer y dónde vas a estar mañana, es lo que piensas, digas y hagas hoy. Todo lo que debes hacer se hace en el tiempo presente y como decía el Dalai Lama: "Sólo existen dos días al año dónde no se puede hacer nada. Uno se llama ayer y otro se llama mañana. Por lo tanto, hoy es el día ideal para amar, crecer, hacer y principalmente vivir".

Damos por hecho las maravillas del tiempo presente y ya no lo disfrutamos, sino que lo utilizamos más para planificar el futuro o parar recorrer el pasado. Aunque parezca algo obvio, las personas evitamos de forma inconsciente centrarnos de manera continua en el presente. Muchas veces estamos en un encuentro profesional o en un evento personal y es como si estuviéramos ausentes. Recordar que no es necesario estar rodeado de personas para estar ausente de la realidad.

Eckhart Tolle, escritor de desarrollo espiritual alemán, decía: "La vida es ahora. Nunca hubo un solo momento en que tu vida no fuera ahora y tampoco lo habrá". Cuando nos duchamos por la mañana ya no disfrutamos con el agua recorriéndonos el cuerpo, ya no saboreamos un paseo de camino al trabajo y ya no nos alimentamos con una conversación durante una puesta de sol. Se nos escapan los momentos del tiempo presente. Nos pasamos la vida preparándonos para vivir, pero se nos ha olvidado por completo vivir en el tiempo presente.

Debemos trabajar el concepto presencia. La presencia es clave para vivir con intensidad el tiempo presente. Henry David Thoreau, escritor, poeta y filósofo estadounidense, decía: "Debes vivir en el presente, impulsarte con cada ola, encontrar tu eternidad en cada momento. Los tontos se mantienen de pie en su isla de oportunidades mientras miran a otros territorios. No hay otro territorio, no hay otra vida sino ésta"

La felicidad no la encontrarás en otro lugar ni en otro tiempo que no sea en el tiempo presente.

PRETTY WOMAN, 1990

"Lo malo siempre es más fácil de creer."

Albert Einstein, físico alemán de origen judío, decía: "Creer es más fácil que pensar. De ahí la razón de que haya más creyentes". Tenemos que cambiar nuestros pensamientos y empezar a dar más credibilidad a lo bueno que a lo malo. Estamos tan acostumbrados a lo malo que las cosas buenas parece que no pueden ocurrir. Por norma general desconfiamos de todo y de todos y es más fácil creer en lo malo que en lo bueno de las cosas. "Piensa mal y acertaras" dice un dicho popular.

El principal motivo de pensar más veces en negativo que en positivo, es porque pensando mal nos evadimos de nuestros propios problemas, cargando en el mal ajeno. Thomas Carlyle, historiador, crítico social y ensayista escocés, decía: "No pienses mal nunca de nadie. Pensar mal es la mejor manera de que las buenas obras de los demás no te sirvan de edificación". Cuando pensamos en lo negativo de los demás no obtenemos nada positivo para nuestro crecimiento personal, no extraemos nada que nos ayude a construir una mejor personalidad. No nos damos cuenta de que aunque sea más fácil pensar en negativo, pensar en positivo nos permitirá desarrollar mejor cualquier actividad. Zig Ziglar, escritor y orador motivacional estadounidense, decía: "El pensamiento positivo te dejará hacer mejor cualquier cosa que el pensamiento negativo".

En realidad, el entorno no ayuda a que pensemos en positivo. El 90% de las noticias de un periódico diario, de un telediario o de internet son malas noticias, noticias sobre lo negativo que tiene el mundo y las personas. Sin embargo, la realidad es justo, al contrario, el 90% de lo que ocurre en el mundo son acciones positivas de las personas y del entorno. Confucio, pensador chino que dio origen al confucianismo, decía: "Cuando veas a un hombre bueno, piensa en imitarlo; cuando veas uno malo, examina tu propio corazón". Que lo bueno te enriquezca como persona y que lo malo te permita profundizar en tu autoconocimiento.

Al final deberíamos dar más importancia a lo bueno de la vida apoyando y empujando todo aquello que se percibe como positivo. Si empezamos a creer más en lo positivo que en lo negativo cada mañana al despertarnos conseguiremos cambiar cada uno de los días de nuestra vida. Creer más lo negativo es centrarse y recrearse en los problemas y creer más lo positivo es centrarse y vivir con las soluciones. Willie Nelson, compositor, cantante y guitarrista de música country, decía: "Una vez que reemplazas los pensamientos negativos por pensamientos positivos, usted comienza a tener resultados positivos".

El verdadero secreto de la vida es saber sacar lo positivo de la misma y no dar tanto peso a lo malo y a lo negativo.

UN EQUIPO MUY ESPECIAL, 1992

"Se supone que es difícil. Si no lo fuera todos lo harían. Lo difícil es lo que lo hace genial."

La principal dificultad nos la autoimponemos nosotros mismos y es la de no atrevernos a perseguir nuestras metas. Arthur Schopenhauer, filósofo polaco, lo decía: "No es la dificultad la que impide atreverse, pues de no atreverse viene toda la dificultad". Podemos eliminar cualquier dificultad que nos encontremos simplemente con afrontar la misma. Es bueno desglosar las dificultades en dificultades más pequeñas y que podamos afrontar con más facilidad. El pensamiento positivo nos ayudará también a ver cada dificultad como una oportunidad mientras que si nuestros pensamientos son más pesimistas encontraremos una dificultad en cada oportunidad. Es por ello que, ante un mismo entorno, hay empresas a las que les va bien y otras empresas a las que les va mal.

La vida es riesgo. Deberías preguntarte constantemente si tu vida está libre de altibajos. El éxito está directamente relacionado con la incertidumbre y la incomodidad. Es necesario estar incómodo para mantener viva la creatividad, la productividad y todas aquellas capacidades y valores que te permiten ir disfrutando y consiguiendo tus objetivos. Las dificultades nos mantienen vivos. Una dificultad con red, pero a fin de cuentas una dificultad.

Las dificultades nos mantienen despiertos, jóvenes y con todas nuestras capacidades a flor de piel. Paulo Coelho, novelista brasileño, decía: "Correr riesgos es fundamental. Nada es más importante que la experiencia.". El riesgo es el mejor de los aprendizajes posibles. El riesgo nos despierta todas nuestras capacidades y no permite que éstas se adormezcan. Las dificultades empequeñecen a medida que hacemos frente a las mismas. Una actitud positiva frente a una dificultad nos permite salvar la misma y seguir hacia delante. Robert Baden-Powell, actor, militar y escritor británico, decía: "Una dificultad deja de serlo tan pronto como sonrías ante ella y la afrontes". Las personas que siempre se están quejando de la cantidad de dificultades con las que viven cada día son personas que no afrontan las mismas y por tanto cualquier pequeño escalón les parece una gigantesca escalera.

Si, además, las dificultades que superamos son grandes, mayor es la satisfacción personal. Como decía Marco Tulio Cicerón, jurista, político, filósofo y orador romano: "Cuanto mayor es la dificultad mayor es la gloria".

En tiempo de dificultad, despliega tus alas y vuela.

PIRATAS DEL CARIBE: EN EL FIN DEL MUNDO, 2007

"Sin duda hay que perderse para hallar destinos inalcanzables o de lo contrario todo el mundo sabría dónde están."

Perderse es cambiar. Buscar nuevos caminos también es cambiar. Somos personas tan rutinarias que si lo pensamos bien repetimos cada día la mayor parte de nuestras acciones. Tomamos los mismos caminos, realizamos los mismos procesos y gestiones e incluso nos relacionamos con las mismas personas de forma continua y habitual.

¡Qué casualidad que las empresas que encuentran nuevas vías de generar negocio son aquellas empresas que se han salido del camino preestablecido! Robert Lee Frost, poeta estadounidense, decía: "Tenía la oportunidad de ir por dos caminos, pero elegí el camino menos transitado". El camino menos transitado es el más arriesgado, el menos seguro y el que más estrés nos va a generar, pero también por contra donde se encuentran las oportunidades a las que no todos pueden optar. John D. Rockefeller decía: "Si usted quiere tener éxito debe actuar por nuevos caminos, en lugar de recorrer los caminos gastados del éxito aceptado". Todo lo que nos parece novedoso o un gran invento es porque hubo personas que se salieron del camino estandarizado y generalizado, y pensaron y actuaron de forma diferente por un camino reconocido socialmente como menos exitoso.

Los caminos ya recorridos te dirigirán a sitios donde otros ya estuvieron. Si quieres lograr algo grande de verdad deberás intentar transitar por caminos menos explorados. Mary Lou Cook, actriz estadounidense, decía: "Para abrir nuevos caminos, hay que inventar, experimentar, crecer, correr riesgos, romper las reglas, equivocarse y divertirse". Transitar y trabajar, recorrer y probar, avanzar y arriesgar, andar y ensayar, en definitiva, ir siempre hacia delante, pero jugando, experimentando y disfrutando del camino.

Muchas veces perderse es una de las mejores formas de encontrarse a sí mismo. Cuando estás perdido tu mente se abre, ve nuevas posibilidades y genera nuevas ideas. Alejandro Jodorowsky, artista franco-chileno, decía: "A veces perder es ganar y no encontrar lo que se busca es encontrarse". Cuando veas una persona sin rumbo no tiene por qué estar perdida, porque perderse también es hacer camino. Es normal perderse de vez en cuando. Perderse a nivel emocional o perderse a nivel de fijación de metas. Perderse es no tener un rumbo 100% establecido o una planificación totalmente detallada.

Perderse es dejar cosas al azar y permitir que la vida nos sorprenda.

EL INDOMABLE WILL HUNTING, 1997

"Porque tendrás momentos malos, pero ellos te llevarán a ver las cosas Buenas a las que antes no prestaBas atención"

Tenemos una tendencia innata a ver el lado negativo de las cosas. Nos encanta centrarnos en lo negativo en vez de en lo positivo. Si nos centráramos al final del día en las cosas positivas que nos han ocurrido y que hemos realizado, nuestras vidas irían a mejor.

El psicólogo Robert Emmons realizó múltiples estudios sobre los beneficios de la gratitud a lo largo de nuestros días. La gratitud nos permite reconocer nuestros éxitos e identificar claramente que vamos poco a poco alcanzando nuestras metas personales. Si al final del día anotamos cinco cosas positivas que nos han ocurrido y damos gracias por ello estaremos analizando aquellos micro-objetivos que ya hemos alcanzado y dicha gratitud nos servirá de guía para ir corrigiendo aquello que todavía no hayamos logrado.

En las películas del oeste, por ejemplo, no sabríamos quiénes son los malos si no hubiese buenos que al final resolvieran los problemas. En la vida ocurre algo similar. Los malos momentos no es que sean necesarios, es que son inevitables. Y como todo lo inevitable van a estar ahí queramos o no a lo largo de nuestra vida. Pero están ahí por algo, y están, porque son momentos que adecuadamente gestionados y analizados nos permitirán ver cosas buenas que de otra forma seríamos incapaces de ver. Si sólo nos quedamos en lo negativo veremos un mundo negativo. Noel Clarasó, escritor y guionista de cine y televisión español, decía: "La costumbre de ver el buen lado de cada cosa vale una fortuna. Todas las cosas tienen un lado bueno y un lado malo y si sólo consideramos lo malo, nos parecerá que estamos en un mundo insoportable".

Y sí, siempre se puede extraer algo positivo de lo negativo, bien sea una oportunidad de mejora, un impulso para el cambio o un aprendizaje para el futuro. Albert Einstein, físico alemán de origen judío, decía: "Entre las dificultades se esconde la oportunidad". Cuando creas que estás pasando una mala racha o un mal momento piensa que sólo es negativo el momento y no tú. Si centras toda la negatividad en ti te estarás encerrando entre los barrotes de la negatividad y te será difícil salir de ahí.

Deberíamos hacer como en fotografía cuando se revelaban las fotos y pasar todo lo negativo a positivo. La vida debería ser como una cámara. Tendríamos que enfocarnos en lo que es importante, capturar los buenos momentos, sacar de lo negativo un aprendizaje revelado y, si las cosas no salen como deseamos, intentar nuevas tomas.

LOS CHICOS DEL CORO, 2004

"Jamás digas jamás, siempre hay cosas por intentar."

Nunca te rindas. El éxito está en no dejar de intentarlo. Cuantas empresas han cerrado su actividad antes de tiempo sin saber que quizás en un corto plazo iban a obtener los resultados deseados. William Clement Stone, empresario y escritor americano de libros de autoayuda, decía: "Intentar, intentar y seguir intentando es la regla que debe seguir para convertirse en un experto en cualquier cosa". Intentar de forma continua es repetir y la repetición nos dará al final el conocimiento necesario para lograr nuestras metas.

Repetir de forma continuada una acción es convertirla en hábito y los hábitos serán los que nos van a permitir alcanzar objetivos. Para que las cosas sean posibles es necesario que intentemos una y otra vez todo aquello que se ha catalogado como imposible. Podríamos decir que el fracaso es darse por vencido y dejar de intentar las cosas.

Las personas somos propensas a decirnos a nosotros mismos 'Esto nunca lo conseguiré', 'nunca podré hacerlo' o 'jamás podré lograrlo'. Cuando no nos lo decimos nosotros mismos ya tendremos alguien en nuestro entorno cercano que se encargará de decírnoslo también. No nos podemos permitir el lujo de decir que jamás podremos lograr algo. Las personas sólo tenemos los límites que nos ponemos en nuestra forma de pensar.

Del 'no puedo hacerlo' al 'lo hice' no hay un largo camino, lo que si hay es un largo proceso mental para pensar que 'sí podemos' en lugar de que 'no podemos'. Puede que nos falte conocimiento, puede que nos falten contactos, puede que nos falte experiencia o incluso puede que nos falte tiempo, pero todo ello se puede mejorar. A veces pensamos que ya no podemos conseguir o hacer algo porque se nos ha pasado el tiempo para ello. Nunca digas que es tarde, siempre hay tiempo para comenzar otra vez. Las metas no vienen con una etiqueta del tiempo en el que se pueden o no se pueden realizar.

Cada vez que pones en tus pensamientos palabras como 'nunca' o 'jamás' estás poniendo barreras entre tú y tus sueños. Nunca digas nunca a lo imposible, nunca digas jamás a lo difícil ya que cada vez que lo haces estás poniendo candados a tus sueños y por tanto a tu felicidad. Hermann Karl Hesse, escritor y pintor alemán nacionalizado suizo, decía: "Para que pueda surgir lo posible es necesario intentar una y otra vez lo imposible". Fracasarás de verdad cada vez que dejes de intentar algo, cada vez que te des por vencido por los contratiempos o por que no ha salido bien a la primera.

Nunca digas nunca y nunca digas jamás, siempre tienes una oportunidad para intentarlo de nuevo.

UN PUENTE HACIA TERABITHIA, 2006

"Tu cierra los ojos y abre bien la mente"

Meditar es necesario. Meditar no sólo es adoptar la posición de flor de loto y retirarse a un paraje desconocido para ello. Meditar es poner los ojos fuera del día a día. Meditar es dejar descansar nuestra mente para empezar una conversación con nuestro yo interior. Meditar es pensar de forma relajada donde quieres estar, reflexionar sobre lo que ya has conseguido y sobre lo que te gustaría vivir.

Elige un momento del día para visualizar el camino ya recorrido y para visualizar donde te gustaría estar. Estos procesos de meditación te permiten además abrir la mente interconectando toda tu experiencia del pasado, los momentos vividos en el presente y los objetivos que quieres alcanzar en el futuro. San Francisco de Asís, santo italiano y fundador de la orden franciscana, decía: "Donde hay paz y meditación no tienen cabida la ansiedad y la duda". Reflexionar de forma relajada sobre tu día a día te va a permitir estar más relajado y resolver dudas y problemas de forma más eficiente.

Si es tan importante, ¿por qué meditamos tan poco? Pues porque vivimos en un mundo rápido. Todo es para ayer y si no haces algo ya mismo te sientes por detrás de los demás. Las prisas, la aceleración a la que nos lleva el día a día son enemigos acérrimos de la reflexión y la meditación. Muchas veces las empresas contratan personas externas simplemente para que mediten y reflexionen sobre sus procesos y gestión de las personas por falta de tiempo, o porque no saben realizarlo.

Unos de los principales problemas de los procesos de meditación es que cuando se producen, invertimos mucho tiempo en poner el foco en los demás. Los procesos de meditación deben poner gran parte del tiempo el foco en nosotros mismos, ya que somos nosotros el origen del problema, pero también el origen de la solución. De los procesos de reflexión es donde surgen las ideas y los procesos creativos. Podríamos decir que meditar es creatividad e innovación. Buda Gautama, sabio budista, decía: "De la meditación brota la sabiduría".

Debemos encontrar ese momento y lugar del día en el que podamos sentirnos tranquilos y relajados, y repasar nuestro yo interior. Repasarlo sin juzgarnos y sin juzgar a los demás. Meditar nos permite a las personas identificar nuestra felicidad y ayuda a las empresas a analizar donde están y a generar nuevos procesos de innovación y de creatividad.

Orar es hablar con la parte más íntima de nuestro yo interior y meditar es encontrar la respuesta dentro de nosotros mismos.

HAPPY FEET 2, 2011

"Contempla las estrellas en vez de la oscuridad"

Siempre, siempre, siempre, incluso en los peores escenarios, se pueden obtener y hacer cosas positivas. Mientras unas personas ven el cielo oscuro otras ven las estrellas. Mientras unas personas ven la tormenta otras disfrutan de la lluvia. Nuestra forma de pensar para centrarse en lo positivo o en lo negativo la elegimos nosotros cada mañana. Louise Hay, escritora y oradora estadounidense, decía: "Los pensamientos que elegimos tener son las herramientas que usamos para pintar el lienzo de nuestras vidas".

Las personas creamos nuestra realidad. Todo empieza desde nuestra percepción. Si somos personas que sólo percibimos aspectos negativos seremos personas mayormente negativas. Sin embargo, si somos capaces de percibir lo bueno de la vida incluso cuando los momentos no sean tan positivos como deseáramos entonces seremos personas mayormente alegres y positivas. No nos ayuda el entorno donde se destaca y vende más cualquier realidad negativa que la positiva. De hecho, esta percepción negativa de las cosas o de los acontecimientos es una percepción adquirida normalmente de adultos. Cuando somos niños no tenemos el criterio suficiente como para interpretar y ver de forma constate el lado malo de la vida. Elmore John Leonard Jr., escritor y guionista estadounidense, decía: "Mira siempre el lado bueno de la vida".

Lo que nos ocurre en la vida no es blanco o negro, sino que sería mucho más correcto decir que la vida es de color gris. Unas veces gris oscuro y otras veces gris claro, pero siempre gris. En todo lo positivo siempre habrá algo que nos incomoda o que no nos llena al 100%. Y de la misma forma, en todo lo negativo siempre podremos encontrar algo de valor y que nos sirva en nuestro camino como un aprendizaje más.

Pensar que tenemos el control de la vida es regarnos con más experiencias negativas que positivas. Ni podemos controlarlo todo, ni debemos controlarlo todo. Cuando intentamos controlar la vida no dejamos hueco para las novedades y para que cosas nuevas buenas nos envuelvan. Y todo lo bueno de la vida por muy poco que dure, dura lo suficiente para convertirse en inolvidable.

Deja que todo lo bueno que ocurre en la vida te atrape. Permite que las personas buenas te encuentren y se queden a tu lado. Deja escapar rápido a aquellas personas tóxicas. Abandona lo antes posible aquellos instantes negativos que te entrega la vida. Arthur Schopenhauer, filósofo polaco, decía: "Para leer lo bueno es necesario no leer lo malo, porque la vida es corta y el tiempo y las fuerzas limitadas".

La vida no es lo que tú crees, la vida es lo que tú creas.

HARRY POTTER Y LA CÁMARA SECRETA, 2002

"No son nuestras habilidades las que muestran cómo somos, sino nuestras decisiones."

Hemos centrado gran cantidad de nuestra formación en conocimientos y habilidades, pero muy poco tiempo en comportamientos y actitudes. Nuestras capacidades como profesionales no vienen reflejadas por nuestra formación, experiencia o empresas en las que hayamos trabajado, sino que provienen más bien de nuestras actitudes y nuestras decisiones profesionales. Las decisiones son lo que nos va a permitir vencer los miedos para saltar de la 'zona de aprendizaje' a la 'zona del pánico' (mejor llamada 'zona de la magia'). Importante recordar que las decisiones son la antesala de las acciones y que sin acción tampoco hay resultados. Por ello es necesario que nuestros pensamientos se conviertan en palabras, nuestras palabras en decisiones y nuestras decisiones en nuestras acciones. Las decisiones llevan a la acción y es por ello que lo peor que hay es no tomar decisiones. Por eso Benjamín Franklin, político e inventor estadounidense, decía: "La peor decisión es la indecisión".

Tomar decisiones es controlar la vida, no tomar decisiones es dejar que la vida te controle a ti. Tomar decisiones es necesario, aunque te equivoques y tengas que rectificar. Las decisiones erróneas te ayudan a adoptar cada vez mejores decisiones. Theodore Roosevelt, vigesimosexto presidente de los Estados Unidos, decía: "En cualquier momento de decisión, lo mejor que puedes hacer es lo correcto, la mejor cosa siguiente es lo incorrecto y lo peor que puedes hacer es nada".

Lo que somos hoy en día es el resultado de las decisiones que hemos tomado en nuestra vida. No basta con quejarse del punto de partida. El punto de partida, potencia o ralentiza, pero no limita lo que puedes llegar a alcanzar. Stephen Covey, escritor norteamericano, decía: "Yo no soy un producto de mis circunstancias, soy un producto de mis decisiones".

Estamos tomando decisiones desde primera hora de mañana. De hecho, muchas decisiones son repetitivas con respecto al día anterior, ya que está demostrado que las decisiones agotan y fatigan. Es por ello que muchas veces las mejores decisiones se toman en las primeras horas del día. Cada día de tu vida es el fruto de las decisiones que has tomado ese día. Por eso es bueno la reflexión al día siguiente para analizar las decisiones que se han tomado y a donde te han llevado. Peter Ferdinand Drucker, abogado y tratadista austriaco, decía: "Tomar buenas decisiones es una habilidad crucial en cada nivel".

Cada momento de decisión es lo que constituye tu destino.

MASTER&COMMANDER: AL OTRO LADO DEL MUNDO, 2003

"La disciplina es tan importante como el valor"

La valentía para tomar decisiones y para afrontar retos es vital en cualquier organización, pero sin una disciplina empresarial transformada en buenos hábitos profesionales no nos dirigirá a ningún destino. Los hábitos se construyen realizando pequeñas acciones de manera continuada.

Suelen decir que son necesarios veintiún días para fijar un nuevo hábito. No sé si serán veintiún días o no, lo que si es cierto que si repites pequeñas acciones de forma continuada al final se convierten en hábitos sí o sí. La disciplina conlleva implícita un orden y unas reglas que en cierta medida limitan el resultado, mientras que los hábitos son comportamientos repetitivos no tan estrictos y abiertos a cualquier nueva experiencia o vivencia.

Así podríamos decir que la disciplina son un conjunto de normas cuyo cumplimiento de forma reiterada nos conducen hacia nuestros resultados deseados. María Teresa de Calcuta, monja católica de origen albanés, decía: "La disciplina es el mejor amigo del hombre, porque ella le lleva a realizar los anhelos más profundos de su corazón". Es mejor sustituir 'normas' por 'hábitos'. Pero cuidado también con los hábitos. No aprender nuevos hábitos o no saber desprenderse de hábitos adquiridos también nos limita en nuestra actividad profesional o personal para alcanzar nuestras metas. Si un hábito está muy arraigado en nuestro comportamiento será muy difícil desprendernos de él y cambiar.

La disciplina de verdad para conseguir resultados no se debe imponer o exigir. La óptima disciplina debe venir como parte de nuestra responsabilidad desde lo más profundo de nosotros. El Dalai Lama decía: "La verdadera disciplina no se impone. Sólo puede venir del interior de nosotros mismos"

Como dice un adagio japonés: "Una correcta disciplina tarde o temprano vencerá a la más brillante inteligencia". La disciplina como capacidad de esfuerzo derrota al final a cualquier facilidad que se disponga sobre alguna determinada materia. La capacidad de esfuerzo y los hábitos repetitivos van de la mano. Jim Rohn, empresario, escritor y orador motivacional estadounidense, decía: "La disciplina es el puente entre las metas y el éxito. Todos tenemos que sufrir uno de dos dolores: el dolor de la disciplina o el dolor del pesar. La diferencia está en que la disciplina pesa unas cuantas onzas, y el pesar, toneladas"

La distancia más corta entre la realidad que vives y los sueños que deseas alcanzar se llama disciplina.

LA VIDA SECRETA DE WALTER MITTY, 2013

"Las cosas bonitas no buscan llamar la atención."

Dice un conocido refrán que "el mejor perfume viene en un frasco pequeño". La vida son las pequeñas cosas que en ella te envuelven. Las pequeñas cosas tienen además algo especial. Lo curioso es que las pequeñas cosas no nos llaman la atención. Muchas de ellas siempre han estado ahí y por eso no las consideramos como especiales. El Dr. Gary Greenberg, científico norteamericano, decía: "Cada grano de arena es una joya esperando ser descubierta". Cuando vio por primera vez arena de playa en su microscopio, lo que parecían simples puntitos de color beige en realidad eran auténticas gemas de colores, fragmentos de coral o minúsculas conchas de colores. Al microscopio, la arena parecía como caramelos de colores y los estambres de una flor se convertían en fantásticos chapiteles en un parque de atracciones. Esto es un poco lo que nos pasa a las personas cuando observamos lo que nos rodea. No somos capaces de apreciar la verdadera belleza y esencia de las cosas.

Para ser capaces de ver más allá deberíamos abrir nuestros sentidos para focalizarnos con intensidad en cada una de las acciones que realizamos en nuestro día a día. En cada acción cotidiana deberíamos prestar especial atención a nuestra respiración y a nuestro cuerpo en general, tendríamos que dejar que nuestros ojos percibieran todo lo que nos rodea sin dejar escapar ningún detalle por pequeños que estos sean y deberíamos permitir que nuestro olfato recogiera el máximo número de olores posibles.

El Dr. Martin Seligman empezó a estudiar a personas que se autodenominaban felices frente a personas que decían que no eran felices. Pudo observar como una de las claves para ser feliz era que las personas felices saboreaban la vida al igual que cuando saboreaban un buen plato. Cuando saboreas un buen plato, éste te genera cantidad de emociones y recuerdos. Pero entonces, ¿qué es saborear la vida? Pues saborear la vida es algo parecido. Es dejar poner al 100% nuestros sentidos y dejar que cada momento nos genere grandes y satisfactorias sensaciones.

Muchas veces, las cosas bonitas son las que no se pueden ver o tocar, sino que son aquellas que te hacen sentir. Con frecuencia, los buenos momentos son aquellos que no disfrutamos y que dejamos escapar. Todo lo bueno que tenemos en el día a día lo vamos convirtiendo en rutina y no lo valoramos. Las personas no deberíamos buscar momentos de ocio para escapar de la vida, sino que deberíamos sacar chispas a las pequeñas acciones del día a día para que no se nos escape la vida. Las pequeñas cosas bonitas de nuestro día a día serán la suma de momentos que harán cada uno de nuestros días plenos y felices.

PEQUEÑA MISS SUNSHINE, 2006

"Quiero que sepas que no pasa nada si estás delgada, ni si estás gorda. Lo importante es lo que tú quieres ser"

Hay personas que se pasan la vida intentando gustar a otros y personas que su objetivo vital es vivir una vida con el único objetivo de contar sus vivencias. Es importante tener claro que nunca vas a gustar a todos.

Andre Agassi, tenista profesional estadounidense en su libro "Open: Memorias" explica que el momento más feliz de su vida fue cuando colgó la raqueta y dejó el tenis como profesional. ¿Y por qué? Pues porque siempre jugó al tenis porque era lo que quería su padre, no porque él lo quisiera.

Decía también, que ahora que había decidido a lo que dedicarse es cuando realmente está disfrutando de su propia vida.

Es importante ser uno mismo con nuestros defectos y nuestras virtudes, pero no se puede vivir constantemente intentando contentar a terceros, sean quienes sean. No es fácil actuar como uno mismo en la sociedad actual tan competitiva y donde destacar nos da un plus social y de visibilidad importante. Ralph Waldo Emerson, escritor, filósofo y poeta estadounidense y líder del movimiento del trascendentalismo a principios del siglo XX, decía: "Ser uno mismo en un mundo que constantemente trata de que no lo seas, es el mayor de los logros".

Cuando hablamos de potencial personal o de belleza interior estamos hablando de ser uno mismo. Cuanto más intentes agradar a los demás dejando de ser tú mismo, menos belleza verán en ti los demás. La belleza interior sólo fluye de verdad cuando eres tú mismo con tus errores y con tus aciertos. Coco Chanel, diseñadora de alta costura francesa, decía: "La belleza comienza con la decisión de ser uno mismo". Esto no sólo es aplicable al exterior sino también, y mucho más importante, al interior.

Muchas veces nos preocupamos más de ser como los otros quieren que seamos porque realmente no tenemos claro nuestra propia identidad ni cómo somos en realidad. Si esto es así, lo primero es una reflexión interior y profunda sobre cómo somos de verdad y cuáles son nuestras pasiones y nuestras inquietudes.

El poder que tiene el grupo y la sociedad para hacernos sentir integrados y reconocidos en ella hacen que escondamos muchas de nuestras cualidades. La herencia de nuestras experiencias vividas, tampoco nos ayuda a ponernos la capa del 'yo mismo'. No se trata de ser un ganador o un perdedor, se trata de ser tú mismo. Sé quién eres de verdad. Sé auténtico.

HOOSIERS: MÁS QUE IDOLOS, 2010

"Equipo, equipo y equipo"

Se nos olvida que no somos seres individuales sino seres sociales. Entre el individuo y la sociedad están las relaciones interindividuales y las grupales. La motivación, el esfuerzo y la intensidad aumentan cuando una determinada tarea se realiza de forma individual en vez de forma grupal. Andrew Carnegie, empresario estadounidense de origen escocés, decía: "El trabajo en equipo es la habilidad de trabajar juntos hacia una visión común. Es el combustible que le permite a la gente normal lograr grandes resultados". En el año 1898, el psicólogo Norman Tripplet, pudo comprobar que los corredores de bicicleta tenían un mejor rendimiento cuando éstos se encontraban formando parte de un grupo que pedaleaba en pelotón. Cuando estamos acompañados, bien sea en una actividad profesional, o bien en una tarea personal, siempre habrá una mayor implicación. Esta mayor implicación revierte casi siempre en una mayor probabilidad de obtener mejores resultados cuando la realizamos en grupo y como equipo. Más tarde, en 1965 el psicólogo Robert Zanjonc añadió que efectivamente la intensidad con la que desarrollamos una actividad en grupo siempre es mayor cuando la tarea a desarrollar es sencilla o las personas están muy capacitadas, pero si la actividad o la tarea son complicadas, o las personas no son muy diestras, el número de errores que se cometen al realizar estas funciones aumenta considerablemente. Es por ello que el equipo suma cuando no hay ausencia de capacitación para conseguir los resultados que se desean.

Un equipo permite complementarse a las personas. Lo que unos no tienen, otros lo aportan. María Teresa de Calcuta, monja católica de origen albanés, decía: "Yo hago lo que tú no puedes y tú haces lo que yo no puedo. Juntos podemos hacer grandes cosas". Apoyarse en los demás y permitir ser apoyado es imprescindible para obtener buenos resultados.

El reconocimiento al resto del equipo es clave para llegar al destino fijado. Nos cuesta una barbaridad reconocer los aciertos de los demás o valorar las ideas de terceros. Frases como 'estaba claro', 'eso ya lo sabía yo', 'es de sentido común' o 'era obvio' tendrían que ser frases a desterrar dentro de los equipos de trabajo. Son frases que se dan siempre aludiendo a hechos ya acontecidos y por tanto conocidos por todos. Pero lo que es elemental una vez conocido no lo es tanto cuando nosotros no hemos sido capaces de verlo y percibirlo antes de que ocurriera. Paul Bryant, decía: "Son tres cosas las que le diría a un equipo para ayudarlo a mantenerse unido. Cuando algo resulta mal 'yo lo hice', cuando algo resulta más o menos bien, 'nosotros lo hicimos' y cuando algo resulta realmente bien 'ustedes lo hicieron'".

No son los individuos los que hacen exitosas a las empresas sino los equipos.

LOST IN TRANSLATION, 2003

"Cuanto más sabes quién eres, y lo que quieres, menos te afectan las cosas"

Cuanto más claros tienes tus objetivos menos te desviarás del camino. Lucio Anneo Séneca, filósofo, político, orador y escritor romano, decía: "No hay viento favorable para el barco que no sabe adónde va". Cuando no sabes adónde vas lo más probable es que acabes donde no quieres.

Cuanto más claro tienes tu yo interior y más definidas tus metas menos te afectará el entorno y los comentarios negativos del mismo. El tener metas claras es el ingrediente para lograr alcanzar aquello que otros tildan de imposible. Deberíamos invertir todas las mañanas un tiempo para pensar qué es lo que queremos de verdad. Anthony Robbins, escritor y orador motivacional estadounidense, decía: "Establecer metas es el primer paso para convertir lo imposible en posible".

Tener las metas claras no es tenerlo todo, pero es el primer paso. La mayoría de las empresas y personas que conozco no consiguen lo que quieren porque no saben lo que quieren. Desde la claridad de metas hasta la consecución de las mismas hay un camino que podríamos decir que pasa por planificar, ejecutar, evaluar, corregir y volver a ejecutar.

No hay un periodo de nuestra vida en el que fijar objetivos o no. Puedes ponerte metas claras en cualquier época de tu vida. Además, podrán ser hitos de cualquier tipo. Les Brown, coach motivacional americano, decía al respecto: "Nunca se es demasiado viejo para fijarse otra meta o para soñar otro sueño". Uno de los principales problemas que nos hace envejecer, y no sólo en el aspecto físico, es que dejamos pronto de fijarnos objetivos ilusionantes. Sin metas apasionantes que alcanzar dejamos de jugar y sin jugar envejecemos más rápido ya que no disfrutamos cada minuto de nuestro día a día.

Cuantas más metas claras tengamos, más libres seremos porque iremos construyendo siempre camino al avanzar. Las personas que no le encuentran sentido a la vida suelen ser personas sin objetivos definidos. Maxwell Maltz, cirujano plástico americano, decía: "La gente que dice que la vida no vale la pena están equivocados, porque lo que realmente están diciendo es que no tienen metas que valgan la pena. Fíjate una meta por la que valga la pena luchar sin parar. Siempre ten una lista de metas por lograr, cuando completes una, sigue con otra".

La vida es emocionante cuando no dejas de tener ilusiones. Tener ilusiones es tener aspectos por mejorar que al final no son más que metas por alcanzar. Para vivir una vida plena de ilusiones ponte metas cada día. Recuerda además que las metas son como los abrazos, por más que te fijes nuevas metas nunca se acabarán, y las que no te fijes se perderán para siempre.

Fíjate metas a lo largo de tu vida porque las metas son sueños con fecha de entrega.

SILVERADO, 1985

"El mundo es como tú te lo hagas amigo, si no te cabe haz los ajustes necesarios."

Las personas y las empresas tenemos margen de sobra para realizar cambios sobre aquello que podemos controlar. Steve Covey decía, que el 10% de lo que nos ocurre no lo podemos controlar frente al 90 % de lo que nos ocurre que si lo podemos controlar.

Cuando veas que no estás teniendo un día bueno o cuando veas que no alcanzas tus objetivos tendrás que realizar los ajustes necesarios en tu vida para corregir el rumbo o para ir más rápido hacia ello. Dice un dicho popular "Si la montaña no viene a Mahoma tendrá que ser Mahoma el que vaya a la montaña". Es uno mismo el que invirtiendo más en su desarrollo personal, tanto en conocimiento como en valores, conseguirá ajustar todo lo necesario para que las condiciones se vayan creando poco a poco. Cuando alguien consigue algo solemos decir 'que suerte ha tenido' y sin embargo deberíamos decir 'que bien que ha realizado los ajustes necesarios'. No hace falta esperar meses o años para darse cuenta de que algo tenemos que cambiar. Steve Jobs, empresario y magnate de empresas del sector informático y de entretenimiento estadounidense, lo expresaba de maravilla cuando decía: "Cada día me miro en el espejo y me pregunto: si hoy fuera el último día de mi vida ¿querría hacer lo que voy a hacer hoy? Y si la respuesta es no por demasiados días seguidos sé que tengo que cambiar algo". Está reflexión nos la deberíamos hacer todos los días.

Cuando preguntas a las personas si quieren cambiar algo de sus vidas la mayoría te dirán que sí. Sin embargo, cuando les preguntas quienes estarían dispuestos a cambiar lo que hacen en su día a día, son muy pocos los que dan un paso hacia delante.

Somos cambio y hemos sobrevivido por nuestra capacidad de adaptarnos a los cambios. Los cambios están en todo lo que hacemos y cada día se producen una barbaridad de cambios que no podemos controlar. Lo que sí podemos controlar es todos y cada uno de los ajustes que podemos hacer en nuestros hábitos y en nuestra forma de ser.

Con el tiempo te darás cuenta que no puedes cambiar el mundo, que no puedes cambiar tu país, que no puedes cambiar tu empresa y que ni siquiera puedes cambiar a tu familia. Al final te darás cuenta que lo único que puede cambiar eres tú. Y que cambiando tú cambiará tu familia, cambiará tu empresa, cambiará tu país y podrá cambiar el mundo.

Cambiar es adaptación. Cambiar es mejorar. Cambiar es avanzar. En definitiva, cambiar es construir un mundo mejor.

EL TRUCO FINAL, 2007

"A nadie le importa el hombre que desaparece, que entra en la caja. Le importa el que sale"

Para pasar del punto A al punto B muchas veces es necesario un proceso de renovación. Cuando no estés llegando a ese punto B deberás reinventarte. Nadie podrá ver tu proceso de renovación, pero sí podrán ver la transformación que provoca tu renovación y como has logrado alcanzar ese punto B. La renovación es la acción y resultado de que una persona o una cosa adquiera un aspecto que le haga parecer nuevo, o de hacer que una cosa la adquiera. Los trajes de la renovación son múltiples y variados. Llámale renovación, llámale reinvención o incluso llámale reprogramación, pero le llames como le llames es algo que te transformará. Y transformarse es clave para avanzar, transformarse es imprescindible para vivir.

La renovación empieza por uno mismo. La renovación es un proceso grande de pequeños pasos diarios. Si no te renuevas te quedas atrás, si no te renuevas empeoras. Si en tu proceso de renovación buscas más fuera que dentro, tu proceso de renovación será más lento o no tendrá lugar nunca. Luis Rojas Marcos, director del sistema psiquiátrico hospitalario de New York entre los años 1982 y 1992, decía: "El que pone el control de su vida fuera de sí mismo tiene más dificultad para reinventarse o para superar las situaciones".

Renovarse por dentro implica un proceso de madurez personal, principalmente emocional. Hemos vivido muchos años con la frase motivacional del filósofo y escritor español Miguel de Unamuno "Renovarse o morir" pero en realidad está frase no es la correcta para convivir con ella. La frase correcta sería "Renovarse y vivir". Se puede y se debe vivir plenamente a la vez que se está en constante proceso de renovación.

La verdadera evolución personal forma parte de continuos procesos de reinvención. Alejandro Rodolphe Vinet, crítico y teólogo suizo, decía: "El verdadero progreso consiste en renovarse". No renovarse es mantenerse en la zona de confort. La no renovación es no ser capaces de vencer los miedos e ir más allá. Siempre queremos que se renueven los demás, que las cosas cambien fuera, pero nosotros seguir siendo los mismos.

El padre Mariano de Blas, escritor católico, decía: "Todos necesitamos renovarnos. La rutina y el cansancio nos muerden a todos. Caen polvo y telarañas sobre los más sagrados ideales. La escoba, el trapeador y el sacudidor son herramientas que, de cuando en cuando, debemos usar para volver a ser, volver a vivir, volver a sentirnos nuevos y frescos". La alegría de vivir va acompañada de la mano de continuos cambios personales que a su vez provoquen nuevos resultados positivos en nuestras vidas.

No hay progreso sin renovación.

EL REY LEÓN, 1994

"Sí, el pasado puede doler. Pero como yo lo veo puedes huir, o aprender de él"

Todos a medida que vivimos vamos creando un pasado y construyendo un futuro. El pasado existe para recordarnos de donde hemos venido, nos permite entender que hemos llegado al presente gracias a los diferentes hechos del pasado con nuestros aciertos y nuestros errores. Nuestro pasado heredado por nuestra forma de vivir y en la que nos han educado también contribuye en cómo esculpimos nuestra forma de ser.

El pasado sirve de verdad cuando, de todo aquello en lo que hemos errado una o varias veces, hemos extraído una lección de aprendizaje. El pasado no se puede cambiar, pero si podemos aprender de él. Cuando piensas que algo o alguien se ha quedado en tu pasado es que no eran necesarios para llegar al futuro en el que deseas estar. Para no estar deprimido pensando de forma continua en el pasado es necesario superarlo, aceptarlo tal y como ha sido, ya que nada en él se puede cambiar o alterar. Somos la persona del presente, en lo bueno y en lo malo, gracias al pasado que hemos vivido. Todo pasado es una experiencia que debemos aprovechar al máximo en el presente y que seguro que iremos perfeccionando en el futuro. Mario Benedetti, escritor y periodista uruguayo, decía: "Algunas cosas del pasado desaparecieron, pero otras abren una brecha al futuro y son las que quiero rescatar".

No sólo aprender del pasado es importante. Debemos aprender a desaprender. Desaprender es vaciar nuestra mente de aquellos hábitos y conocimientos que aplicábamos de forma constante para dejar paso a nuevos hábitos y conocimientos. Desaprender es abandonar la zona de comodidad de lo ya aprendido. Desaprender es más complicado que aprender. Alvin Tofler, escritor y futurista estadounidense, decía: "Los analfabetos del siglo XXI no serán aquellos que no sepan leer o escribir, sino aquellos que no sepan aprender, desaprender y reaprender".

Si queremos que cualquier proceso de aprendizaje evolucione deberemos dejar hueco para experimentar, deberemos dejar espacio para el error y la vuelta a empezar y deberemos valorar cualquier proceso de aprendizaje destacando lo positivo en lugar de lo negativo. Albert Einstein, físico alemán de origen judío, decía: "El aprendizaje es experiencia, lo demás es información". Recibimos demasiada información y realizamos muy poca experimentación.

Cada vez que aprendemos algo nuevo crecemos como personas y nos llevamos algo nuevo con nosotros para siempre. B.B. King, músico, cantante y compositor estadounidense, decía: "Lo maravilloso de aprender algo es que nadie puede arrebatárnoslo".

La verdadera sabiduría es no dejar nunca de aprender.

LOS PUENTES DE MADISON, 1995

"Los viejos sueños eran buenos sueños. No se cumplieron, pero me alegro de haberlos tenido"

Cualquier cosa en la vida que merezca la pena de verdad está construida desde los sueños. Los sueños nos mantienen vivos. Soñar dormido es algo necesario, pero nos hemos olvidado de soñar despiertos. ¿por qué sólo los niños sueñan despiertos? ¿por qué la mayoría de los adultos ya no tenemos sueños cuando no estamos dormidos? Los mejores sueños ocurren cuando tienes todos tus sentidos a flor de piel y cuando prestas atención plena a todo lo que te rodea. Gonzalo Tamayo, economista peruano, decía: "Soñar despierto es cultivar la creatividad oculta de nuestro olvidado niño interior".

Si sueñas despierto te reencontrarás de nuevo con ese niño interior. No pienses que tus sueños no tienen importancia o son superfluos. Todo sueño tiene realmente su valor. Por otro lado, recuerda que no hay nunca ningún soñador pequeño ni ningún sueño que sea demasiado grande para cumplir.

Vete hacia tus sueños. La vida me ha demostrado que no hay ningún sueño loco por realizar, sino que hay muchas personas que te tildan de loco para frenar tu viaje hacia tus sueños porque ellos ya dejaron de soñar despiertos. Ralph Waldo Emerson, escritor, filósofo y poeta estadounidense y líder del movimiento del trascendentalismo a principios del siglo XX, decía: "Atrévete a soñar la vida que has soñado para ti mismo. Ve hacia delante y haz que tus sueños se hagan realidad".

Rodéate de personas que te den espacio para soñar despierto. La verdadera magia está en encontrar un amor que te ayude a tener sueños cada día, sueños individuales y sueños colectivos. En muchas relaciones abandonamos por completo nuestros sueños individuales en pos de los sueños del otro. Las buenas relaciones son las que transforman parte de sus sueños individuales en sueños conjuntos. No te preocupes de si se cumplirán o no se cumplirán. Cada sueño que tienes es un nuevo camino a recorrer, un camino lleno de experiencias y un camino que, sí o sí, nos marcará con coraje y valentía. El coraje para trabajar día a día por lo soñado es imprescindible para alcanzar cada sueño.

Si juntamos estos dos mágicos ingredientes, soñar y ejecutar, no habrá nada que no podamos alcanzar. El sueño es el destino y la ejecución es el recorrido a realizar. Cuanto más claros tengamos nuestros sueños, más fácil nos será dar cada paso en el camino. Sarah Ban Breathnach, escritora y oradora estadounidense, decía: "El mundo necesita soñadores. Pero, sobre todo, el mundo necesita soñadores que hacen". Los mejores sueños se construyen haciendo.

ANTES DEL AMANECER, 1994

"Sólo si encuentras paz dentro de ti mismo, vas a encontrar la verdadera conexión con los demás"

Voltaire, escritor, historiador, filósofo y abogado francés, decía: "Lo esencial es estar en paz con uno mismo". Si no tienes paz interior no tienes nada. La paz interior es una sensación personal de bienestar, no es tangible, pero nos llena por completo de una profunda tranquilidad y felicidad. La paz interior es un estado dónde somos capaces de liberarnos de todo lo negativo que nos acontece. Escaparnos del estrés, de las preocupaciones y de nuestros miedos nos permitirá acercarnos a nuestra paz interior. Para tener paz interior es necesaria la compresión y la gratitud. No puede existir paz interior si no somos capaces de tener consciencia de todo lo bueno que tenemos y de las maravillas que nos rodean en nuestro día a día.

También cuando te preocupas por comprender a los demás con sus defectos y sus virtudes das un paso más en tu paz interior.

La gratitud es agradecer todo lo que tenemos y todo lo que nos rodea. Agradecer cosas tan importantes como la salud, la alegría, la familia o los amigos que tenemos. Cuando somos agradecidos nuestros pensamientos se centran más en todo lo positivo en vez de en lo negativo. La gratitud es uno de los alimentos más saciantes a nivel personal.

La paz personal se construye desde el yo personal. La paz interior es contagiosa y puede provocar grandes cambios colectivos. El Dalai Lama decía: "A través de la paz interior se puede encontrar la paz mundial. Aquí la responsabilidad individual es bastante clara ya que la atmósfera de paz debe ser creada dentro de uno mismo". Algunas personas piensan que no se puede alcanzar la paz interior. Lo que no saben es que no es algo que se pueda encontrar a lo largo de nuestra vida, sino que es más bien una decisión personal relativa a descubrir dentro de nosotros mismos un estado dónde seamos capaces de liberarnos de todo lo negativo que nos acontece. Muchas veces el silencio es necesario. Debemos dejar de hablar, no para estar en silencio, sino para encontrar la paz interior. La reflexión individual y la meditación ayudan a generar paz interior.

El autoconocimiento de nuestras emociones es un gran paso para poder gestionar las emociones positivas y negativas y con ello acercarnos a nuestra paz interior. También simplificar nuestra vida, tanto en los hábitos diarios como en las planificaciones de nuestras agendas, nos ayuda a alcanzar la paz interior. Hay un dicho oriental que dice: "Si pierdes tu riqueza no has perdido nada. Si pierdes tu salud habrás perdido algo, pero si pierdes tu paz interior lo habrás perdido todo".

En la vida puedes obtenerlo casi todo, pero como no encuentres tu verdadera paz interior no tienes nada.

EL SEÑOR DE LOS ANILLOS: LA COMUNIDAD DEL ANILLO, 2001

"Todo lo que tenemos que decidir es qué hacer con el tiempo que nos han dado"

El tiempo tiene dos cosas fantásticas: todos tenemos el mismo tiempo cada día y el tiempo no se puede comprar. Es curioso que lo único que tenemos es tiempo para vivir y todo el día estamos diciendo que nos falta tiempo.

Si cada mañana cuando nos despertamos nos dieran una caja con 1.440 euros y nos dijeran que al final del día todos aquellos euros que no nos hayamos gastado desaparecerán para siempre ¿Que harías? Pues seguro que intentarías gastártelo todo. Pues con el tiempo ocurre algo parecido. Todos los días tienes 1.440 minutos para disfrutar, para vivir y todos aquellos minutos que no los vivas al máximo los perderás para siempre. Si cada mañana cuando te levantas te preguntas que hacer con tu tiempo, lo único por lo que deberías preocuparte es por cómo aprovechar al máximo cada uno de los minutos de tu día.

El tiempo es finito y nadie puede tener más tiempo que los demás a priori. Desde que nacemos todos tenemos un tiempo, un preciado tiempo. Tiempo para crear, tiempo para reír, tiempo para amar, tiempo para desarrollar empresa. Si desperdiciamos el tiempo no lo volveremos a recuperar. No podemos adquirir más tiempo y no sabemos qué ocurrirá en el tiempo 'mañana'.

El tiempo a pesar de ser tan valioso es gratis. Así que por más que quieras adueñarte del tiempo o guardarlo para otro momento, sólo puedes usarlo. Si pierdes el tiempo, nunca más podrás volver a recuperarlo. Si no aprovechas tu tiempo, un día descubrirás que no tienes más tiempo para hacer todo aquello que deseas. Como decía Nelson Mandela, abogado, político y activista contra el apartheid surafricano: "Debemos usar el tiempo sabiamente y darnos cuenta de que siempre es el momento de hacer las cosas bien".

A mí me encantan los deportes, el cine, la tecnología, los libros de empresa, conocer gente y sitios nuevos, infinidad de pasiones y me gustaría tener tiempo para poder hacer todos los deportes del mundo, para ver todas las películas del mundo, para probar y disfrutar de todos los objetos tecnológicos del mundo o para leer todos los libros de desarrollo personal del mundo. Sin embargo, la realidad es que no hay tiempo para todo ello y por tanto debemos aprovechar cada instante para disfrutar de esos momentos que verdaderamente nos llenan, aunque no podamos realizarlo todo.

El tiempo es un regalo y tú decides lo que quieres hacer con él.

FORREST GUMP, 1994

"Mi mamá siempre decía: La vida es como una caja de bombones, nunca sabes lo que vas a conseguir"

La vida te sorprenderá. Las sorpresas son buenas porque despiertan sensaciones y emociones intensas. Algunas personas quieren controlarlo todo y evitar las sorpresas de la vida. Me gustaría decirles a estas personas que esto, además de imposible, es un error. Puedes ser la persona o empresa más planificada del mundo y evitar muchos sobresaltos y contratiempos, pero la vida te acabará sorprendiendo siempre en algo. Te sorprenderá con aspectos positivos y con hechos negativos. Hilary Swank, actriz estadounidense de cine y televisión, decía: "He aprendido una cosa, nunca sabes lo que la vida te depara". Vivir es sinónimo de incertidumbre y sin incertidumbre no se vive de verdad.

Normalmente si se tienen claras las metas y se trabaja para ello se termina alcanzando las mismas. Nunca se alcanzan los objetivos cuando uno los espera o por el camino que uno había imaginado. A veces se llega antes de lo esperado y otras veces se llega después de lo previsto. Edward Morgan Foster, novelista y ensayista inglés, decía: "La vida nunca nos depara lo que queremos en el momento apropiado. Las aventuras ocurren, pero no puntualmente".

Una vida sin sorpresas es una vida aburrida. Si no damos pie a ser sorprendidos, apagamos antes el interruptor de nuestras emociones y sentidos. Todos queremos una vida divertida y alegre. Vivir sorprendido no significa que no planifiquemos cómo reaccionar ante las diferentes realidades que la vida nos depara. Debemos estar siempre atentos y lo más preparados posibles para los acontecimientos negativos y para afrontar cualquier emoción no positiva de la mejor forma posible. Paulo Coelho, novelista brasileño, decía: "Hemos de estar siempre preparados para las sorpresas del tiempo".

Si observas cada día y analizas lo que tenías planificado y todo lo inesperado que te ha ocurrido en ese día, comprobarás que son cantidad de cosas las inesperadas y fortuitas, desde insignificantes detalles hasta grandes acontecimientos. Ralph Waldo Emerson, escritor, filósofo y poeta estadounidense y líder del movimiento del trascendentalismo a principios del siglo XX, decía: "La vida es una serie de sorpresas". Al final los momentos en los que la vida te sorprende y te deja sin aliento suelen ser momentos intensos para coleccionar.

Tenemos miedo muchas veces a la muerte, pero si miramos la misma como una gran sorpresa de la vida, dejará de atemorizarnos tanto como parece. Si la vida es una gran sorpresa, ¿por qué la muerte no podría ser una sorpresa aún mayor? Quédate siempre con lo que decía la canción de Ruben Blades: "Sorpresas te da la vida, la vida te da sorpresas".

TODO EN UN DIA, 1986

"La vida se mueve bastante rápido. Si no te detienes y miras a tu alrededor de vez en cuando, te puedes perder"

Vivimos demasiado rápido. La rapidez con la que vivimos no nos deja observar ni disfrutar de todo lo que ocurre a nuestro alrededor. Todo lo que funciona demasiado rápido no cala en nosotros con la suficiente fuerza para durar y permanecer. El torero Morante de la Puebla decía: "Lo que se hace rápido no dura. Las cosas grandes de la vida se han hecho despacio. Y es difícil que te enseñen eso". La lentitud permite con más facilidad reconocer los errores cometidos y nos da tiempo suficiente para reaccionar y aprender de los mismos.

La dirección que decides tomar es mucho más importante que el ritmo de vida que decides llevar. Hay personas que van muy rápido pero realmente no saben a dónde van. Eddy Cantor, actor y compositor estadounidense, decía: "Disminuye la velocidad y disfruta de la vida. No es sólo por el paisaje que te pierdes por ir demasiado rápido sino porque también pierdes el sentido de a dónde vas y por qué".

¿Qué es lo que percibes cuando conduces por una autopista y vas con exceso de velocidad? Todos percibimos lo mismo, que la carretera viene hacia nosotros en vez de nosotros ir por la carretera. Lo mismo ocurre cuando vas con demasiada velocidad por la vida, que la vida se te echa encima en vez de tu disfrutar y recorrer el camino de la vida. En la vida hay que tener el ritmo adecuado en cada momento. Lo cual no quiere decir que en momentos puntuales de la vida no debamos esprintar o acelerar. Por supuesto que, si es necesario, habrá que hacerlo. Deberemos llevar la velocidad adecuada para que en nuestra vida haya equilibrio. Al final, la vida es como andar en bicicleta, si dejas de pedalear pierdes velocidad y por tanto pierdes el equilibrio. Hay que buscar el punto de velocidad para no caerse y disfrutar de la vida, así que baja la velocidad a la que vives tu vida y trata de vivirla, no de verla pasar.

En la vida hay cosas más importantes que la velocidad. La dirección, el compromiso o la dedicación superan con creces la importancia de la velocidad. Al final, no es que haya que ir siempre despacio, o que no se pueda ir nunca deprisa, sino que al final la vida es un poco como una montaña rusa, unas veces irá despacio para que podamos ver los detalles y otras irá frenética sorprendiéndonos a cada instante.

Pero si puedes, baja el ritmo un poco. Verás cómo en tu rutina diaria descubrirás momentos y gestos que antes no habías sido capaz de percibir.

Vive la vida, de vez en cuando, a la velocidad de las mariposas.

HITCH: ESPECIALISTA EN LIGUES, 2005

"La vida no se mide por las veces que respiras si no por los momentos que te dejan sin aliento."

Vivir no es existir o sobrevivir. Todos cuando nacemos, existimos, pero no todos vivimos de verdad. Vivir implica disfrutar cada momento como si fuera el último. Vivir es dar y compartir. Vivir es preocuparnos por ser la mejor versión que podamos llegar a ser.

Muchas personas más que vivir, sobreviven. Y sobreviven no porque les falten los recursos básicos, sino que sobreviven porque aún, teniéndolo todo, viven continuamente en la queja y en la desgana. Lo que verdaderamente contará al final de tu vida es con qué intensidad has vivido cada uno de tus momentos, desde los momentos cotidianos hasta los momentos más complicados. Henry David Thoreau, escritor, poeta y filósofo estadounidense, decía: "Quise vivir profundamente para no darme cuenta, en el momento de morir, de no haber vivido". Sólo se pueden contar los años de vida, los años que se han vivido con intensidad, con todos los sentidos a flor de piel.

Cuando vives cada instante del presente de forma intensa te parecerá que dura una eternidad. Es como si el tiempo se parase y se ensanchará de forma sorprendente. Marguerite Yourcenar, novelista y traductora francesa, nacionalizada estadounidense, decía: "El presente es un momento fugaz, aunque su intensidad lo haga parecer eterno".

La rutina, las prisas o la comodidad no ayudan a vivir los momentos con intensidad. Cuando realizamos cada día las mismas acciones o cuando nos encontramos con las mismas personas nos parece tan normal que no nos llama la atención y bajamos la intensidad con las que vivimos esas situaciones. Debemos recuperar los momentos de un abrazo de verdad, de una conversación profunda e intensa o de una relación apasionada y divertida. Podríamos decir, que parte de nuestra vida se va o que parte de nuestra vida se muere cuando caemos en la rutina y dejamos de tener momentos intensos. Las relaciones no se mueren por sí solas se mueren por falta de intensidad.

Al final de nuestros días en nuestras tumbas no deberían poner los años totales que hemos estamos en esta vida sino los años que de verdad hemos vivido con intensidad. Emil Ludwig, escritor y biógrafo alemán de origen judío, decía: "La vida depende de la intensidad con la que se vive, no de su extensión". A las personas se nos capta la intensidad con la que vivimos cada momento y eso influye en nuestras relaciones y en nuestros resultados. La vida pasa en un instante, así que vívela siempre con intensidad.

DEL REVÉS, 2014

"No puedes enfocarte en lo que está saliendo mal, siempre hay una forma de dar vuelta a las cosas"

Céntrate y pon el foco en lo que quieres obtener. El camino es importante, pero es mucho más importante el destino al que quieres llegar. Lamentablemente las empresas y las personas solo se interesarán hasta dónde has llegado o los resultados que has obtenido.

Acuérdate también que sin un buen plan de acción con las tomas de decisiones adecuadas no se llega a ninguna parte y no se consigue obtener los resultados esperados. El poner el foco en el resultado que deseas alcanzar permite mantener a flor de piel algo tan imprescindible como la pasión. Las distracciones suelen ser las aliadas de la mediocridad. Normalmente las empresas que persisten en sus objetivos son las empresas más exitosas. Robert Kiyosaki, escritor y orador motivacional estadounidense de origen japonés, decía: "Si quieres tener éxito tienes que aprender a enfocarte". Poner el foco es poner todos tus pensamientos y todos tus recursos en las acciones que realizas. La dispersión suele estar muy alejada de los buenos resultados.

Siempre va a haber aspectos negativos en el entorno que te rodea. El pensar que estos hechos te van a influir a ti o a tu empresa para que os vaya mal es perder oportunidades. Siempre, siempre, siempre podemos hacer algo maravilloso a pesar de un entorno no propicio para ello. Lo primero que hay que tener claro es que es imposible cambiar lo externo y que lo que sí podemos cambiar son las decisiones que tomamos frente a ese entorno.

Si te enfocas únicamente en lo negativo, en los fracasos, en lo que sale mal, tu mentalidad y, por tanto, tus acciones se centrarán también en lo mismo. Cuando ponemos el foco en lo que está saliendo mal normalmente lo extrapolamos a lo largo de todo el día. No existen los malos días, sólo tomamos un mal momento de un día cualquiera y elegimos llevar ese momento con nosotros a lo largo de todo el día.

Cuando piensas en negativo, pensarás que tú no eres capaz de hacer algo. Muchas veces el entorno también te lo recordará. En vez de enfocarte en lo que no puedes hacer debes enfocarte en lo que si puedes hacer. Stephen Case McConell, empresario estadounidense, decía: "No deberías enfocarte en por qué no puedes hacer algo, que es lo que la mayoría de la gente hace. Debes concentrarte en por qué quizás tu puedes ser una de las excepciones".

No te enfoques en lo que está saliendo mal ya que siempre existe una forma de darle la vuelta a las cosas.

SPIDERMAN, 2002

"Somos lo que elegimos ser"

Nosotros decidimos lo que queremos ser. Nuestras decisiones marcan nuestro futuro y nos forman como personas. Somos 100% el resultado de nuestras acciones. No tires balones fuera quejándote dónde has nacido, el trabajo que tienes o las relaciones que mantienes. Te va en la vida como tú has querido que te vaya. El cómo nos ven los demás está directamente relacionado con las acciones que realizamos cada día. George Eliot, escritora británica, decía: "Nuestras acciones hablan sobre nosotros tanto como nosotros sobre ellas". Además, nuestras acciones nos delatan y así nos ven los demás.

De adultos no entendemos por qué tenemos malas relaciones en vez de tener buenas relaciones con amigos o compañeros de trabajo, sin embargo, cuando somos niños esto se puede observar de forma muy clara. ¿Qué ocurre cuando un niño deja jugar a otros en el patio del colegio? ¿qué ocurre cuando un niño comparte sus gominolas con otros niños del parque? Pues lo normal es que ese niño que da y que comparte, que a la larga también reciba. Las acciones que realizamos con los demás o las decisiones que tomamos en la vida nos son devueltas con creces. Al final nuestro comportamiento se refleja en los demás y el entorno nos devuelve lo mismo. Johann Wolfgang Goethe, poeta, dramaturgo y científico alemán decía: "El comportamiento es un espejo en el que cada uno muestra su imagen".

Siempre tenemos cantidad de alternativas antes de tomar una decisión. Cada decisión nos llevará a acometer una acción determinada. Cada acción por pequeña que sea, nos llevará en una dirección o en otra. No intentes hacer cambiar de opinión a alguien que ya ha decidido un camino. Tenemos tendencia a dirigir cuando no estamos a los mandos y cuando además no se trata de nuestra vida. Cada cual debe abrir su propio camino al andar. William Shakespeare, dramaturgo, poeta y actor inglés, decía: "No tratéis de guiar al que pretende elegir por sí mismo su propio camino".

En la vida no podremos elegir cantidad de variables, pruebas y obstáculos, pero si podemos decidir lo que hacemos frente a ellos. Al igual que en una fiesta quizás no podamos elegir la música, pero si podemos elegir como bailar.

A veces las elecciones no tendrán que ver con nuevos caminos o nuevos aprendizajes, sino que tendrán más que ver con olvidar. Elegir olvidar en ocasiones nos permite avanzar. Roger Martin Du Gard, novelista francés, decía: "La vida sería imposible si todo se recordase. El secreto está en saber elegir lo que debe olvidarse".

Nuestras elecciones de hoy nos pulirán como persona y determinarán nuestro futuro.

EL DIARIO DE NOA, 2004

"No puedes vivir tu vida para otras personas. Tienes que hacer lo que es correcto para ti, aunque les duela a tus seres queridos"

Normalmente llevamos una vida que no es la nuestra. Muchas veces pensamos cada acción a realizar en función del que dirán o para complacer a terceras personas. Si no trabajas para vivir tu propia vida, otros te contratarán para que trabajes para construir sus vidas. Muchas veces el poder adquisitivo o el status social nos hace olvidarnos de nuestras vidas. Deberás preguntarte: ¿cuánto me pagan por olvidarme de mi vida? Debes hacer siempre aquello que te encamine hacia tu felicidad, aunque por el camino se produzca algún daño colateral. Los daños colaterales son inevitables.

Las empresas que menos evolucionan, son aquellas que no permiten desarrollarse a las personas y no dejan fluir la creatividad y las ideas. Por el contrario, las empresas referentes de éxito para todos son aquellas que permiten a las personas ser ellas mismas con sus pensamientos, sus ideas y su forma de ser. Alberto Machado, abogado, escritor y político venezolano, decía: "Cada quién es un ser único en el mundo. Lo que se necesita es el coraje de ser uno mismo. En cada persona que vemos caminando por la calle hay un genio en potencia". Al empezar a ser tú mismo es cuando comienzas a ver los resultados que quieres alcanzar.

Las personas cuando intentan vivir las vidas de los demás se convierten en sus propias víctimas. Este tipo de personas 'victimistas' se pasan la vida deseando tener unas vidas como los demás, son personas que comparan todas sus acciones con las de los demás. Las comparaciones con los demás siempre son injustas. Las comparaciones nos roban demasiado tiempo. Cuando nos comparamos con los demás no obtenemos ningún beneficio personal y perdemos valores personales que dejamos de poner en práctica.

Cuando te centras en tu propio camino es cuando estás en el camino hacia tu felicidad. No imites a otros ya que nadie podrá hacer lo que tú deseas hacer. Jorge Bucay, psicodramaturgo y escritor argentino, decía: "Porque nadie puede saber de ti. Nadie puede crecer por ti. Nadie puede buscar por ti. Nadie puede hacer por ti lo que tú mismo debes hacer. La existencia no admite representantes". Tu vida la vives tú y nadie más. No te esfuerces es destacar tu presencia sino en trabajar para que se note tu ausencia. No construyas momentos para los aplausos ajenos.

Vive de verdad para expresar lo que sientes y no para impresionar a los demás. Vive la vida como tú quieres y no como otros quisieran.

LE LLAMAN BODHI, 1991

"El miedo provoca dudas y las dudas activan lo peor de tus miedos"

Tener dudas es algo fantástico. Si no tienes dudas te vuelves cómodo. Las personas que dicen no tener dudas están sobrevaloradas. Las dudas implican una capacidad mayor de plantearse cuestiones sobre cómo se realizan las cosas o cómo podrían realizarse mejor. Bertrand Russell, filósofo y Premio Nobel de Literatura, decía: "El principal problema de este mundo es que los tontos y los fanáticos siempre están seguros de ellos mismos, mientras que la gente inteligente anda llena de dudas". Las personas exitosas que nos fijamos como referentes son personas que tienen dudas, personas que ejecutan acciones después de periodos reflexivos y de analizar los pros y los contras que les generan sus dudas. Las personas exitosas con dudas son personas que usan mucho más su capacidad inteligente del cerebro. Jorge Luis Borges decía: "La duda es uno de los nombres de la inteligencia".

Pero lo mismo que las dudas son un buen síntoma de avance, también nos pueden frenar. Si somos personas que tenemos dudas, pero no sabemos vencer los miedos que las mismas nos generan para avanzar seremos personas que no alcanzaremos nuestras metas. Por el contrario, si los miedos son más fuertes que las dudas nos estancaremos y las propias dudas nos mantendrán de nuevo en nuestra zona de confort. Franklin Delano Roosevelt, abogado y político estadounidense, decía: "El único límite a nuestros logros de mañana está en nuestras dudas de hoy". Haz que las dudas te sirvan siempre para avanzar y no para mantenerte estancado. Recuerda que también es avanzar dar un paso para adelante, equivocarse, volver al punto de partida y volver a empezar. No permitas que las dudas te paralicen o estanquen. Paulo Coelho, novelista brasileño, decía: "Jamás dejes que las dudas paralicen tus acciones. Toma siempre todas las decisiones que necesites tomar, incluso sin tener la seguridad o certeza de que estás decidiendo correctamente".

No pienses que las dudas van a desaparecer como burbujas en el aire. Si tienes dudas, siempre tendrás dudas. Rafa Nadal, tenista español, decía: "Las dudas no se superan, convives siempre con ellas". Puedes ser una persona que convive con las dudas y las afronta o una persona que convive con las dudas y le paralizan. Nunca desaparecen las dudas, se minimizan o se maximizan, pero siempre están contigo. La principal duda que nos surge a todos es si seremos capaces de lograr lo que deseamos. Para estar más preparado cuando nos asalte este tipo de duda, el fortalecer el desarrollo personal y potenciar la autoestima son clave para poder vencer la misma. Aristóteles, filósofo y científico de la antigua Grecia, decía: "La duda es el principio de la sabiduría".

Cuando dudas de tus posibilidades das más peso a tus dudas.

TIGRE Y DRAGÓN, 2000

"Si cierras el puño tu mano siempre estará vacía"

Todos por naturaleza somos generosos. La vida nos hace esconder la mano o tender la mano. La generosidad es la que hace crecer a personas y por tanto a organizaciones. Todos tenemos como las semillas el potencial para compartir y para dar, pero bien es cierto, que hay personas que con el tiempo y con las experiencias vividas se van cerrando a los demás en lugar de abrirse.

Haruki Murakami, escritor y traductor japonés, decía: "Hay dos tipos de personas: los que son capaces de abrir su corazón a los demás y los que no. Tú te encuentras entre los primeros". No tienes excusas para dejar de ser egoísta. Tu no naciste así. No permitas que los demás con sus acciones te hagan egoísta.

Deberíamos practicar un egoísmo inteligente como decía Oscar Wilde, escritor, poeta y dramaturgo de origen irlandés: "El egoísmo verdaderamente inteligente consiste en procurar que los demás estén muy bien. Para que, de este modo, uno esté algo mejor". En realidad, este egoísmo inteligente no es más que lo que conocemos como generosidad. Cuando somos generosos y hacemos que los demás se encuentren bien y estamos pendientes de sus necesidades, de ayudarles y de compartir con ellos, al final revertirá en nosotros también. La generosidad es como el eco, te devuelve lo que tú le das.

Ser egoísta no conduce a buenos resultados. Algunas personas piensan que ser egoísta es centrarse en uno mismo y olvidarse de los demás. Pero es aún mucho más; ser egoísta además de poner el 'yo' como único foco es pensar e intentar hacer que los demás vivan la vida acorde a cómo nosotros deseamos vivirla. Oscar Wilde, escritor, poeta y dramaturgo de origen irlandés, decía: "El egoísmo no es vivir como uno desea vivir, es pedir a los demás que vivan como uno quiere". No tenemos ningún derecho, ni ninguna obligación, de solicitar a otros que vivan de la misma forma que nosotros.

Todos en alguna faceta de la vida somos egoístas. Para vencer al egoísmo la mejor arma es la humildad. La humildad nos hace ver las grandes posibilidades que nos ofrece la generosidad y el no pensar que poseemos las mejores cualidades para todo. La humildad nos acerca constantemente a la generosidad. Nilakanta Sri Ram, filósofo y teósofo indio, decía: "La humildad es la raíz de todas las virtudes, porque es la absoluta carencia de egoísmo, el progenitor y el productor de todos sus vicios".

Atrévete a abrir todas tus ventanas y verás cómo dejas entrar los rayos del sol. Tendemos a cerrarnos a los demás por las malas experiencias vividas pero el volumen de lo bueno frente a lo malo que podemos recibir siempre compensa. Tú decides cuánto te quieres abrir a los demás y cuánto quieres dar.

EL GRAN LEBOWSKI, 1997

"Tómatelo con calma"

Tómate la vida con tranquilidad. No vivimos vidas tranquilas porque nos fijamos demasiado en los demás. Mírate más a ti mismo y menos a los demás. Lorenzo Pignotti, poeta e historiador italiano, decía: "El que quiera vivir tranquilo sus días, que no se fije en los que son más felices que él, sino en los que son más miserables".

No nos damos muchas veces cuenta de lo afortunados que somos con las vidas que tenemos. Muchas veces la intranquilidad está directamente relacionada con los bienes materiales que tenemos. Cuantas más cosas materiales tenemos, e independientemente del dinero, más intranquilidad poseemos en nuestro interior y más lejos estamos de una vida tranquila y sosegada. A veces nos sorprende ver en las personas con menos recursos la tranquilidad que desprenden o el sosiego que emanan. Thomas Jefferson, tercer presidente de los Estados Unidos de América, decía: "No es riqueza ni esplendor sino tranquilidad y ocupación lo que te da felicidad".

Cuando estás en calma contigo mismo y vives tranquilo es cuando tomas las mejores decisiones. Las personas tranquilas atraen a otras personas. Las personas que viven vidas tranquilas son como los grandes árboles que dan sombra, todo el mundo quiere cobijarse bajo ellos. La tranquilidad no implica siempre soledad. Podemos estar rodeados de gente y vivir tranquilos. Para vivir cada vez más tranquilos deberemos afrontar nuestras dudas y miedos en vez de evitarlos. Si intentamos evadirnos de la presencia de nuestras dudas y miedos, siempre estarán ahí y no nos dejarán vivir una vida de calma y sosiego.

Además de no enfrentarnos a nuestras incertidumbres, las tareas que no terminamos o las tareas que aún no han comenzado nos roban parte de nuestra tranquilidad. Para ello, fíjate metas realistas y que puedas alcanzar y no vivas tanto con lo que todavía no ha ocurrido y no sabes si va a ocurrir.

Estar en alma y tranquilo con uno mismo, y con la vida que se lleva, es estar a los mandos de la vida. Sólo se puede pilotar a un destino seguro cuando se posee paz y tranquilidad. Publilio Siro, escritor latino de la Antigua Roma, decía: "Cualquier persona puede sostener el timón cuando el mar está en calma". Trabajar el autoconocimiento y la meditación te ayudarán a encontrar la calma interior. Cuanta más paz interior, mejores decisiones y mejores resultados. Siempre es más fácil visualizar y dibujar el camino cuando has eliminado toda aceleración en tu forma de vivir.

Vivir tranquilo no significa no vivir momentos de intensidad. Mihaíl Lérmontov, escritor y poeta romántico ruso, decía: "Más de un rio tranquilo comienza como una cascada turbulenta, sin embargo, ninguno se precipita ni se agita durante todo el camino hacia el mar".

RETORNO AL PASADO, 1947

"Yo nunca aprendí nada escuchándome sólo a mí mismo"

Para oír solo hay que escuchar. Muchas veces solo oímos, pero no escuchamos. Escuchar es oír prestando atención. Cuando no escuchamos no aprendemos y cuando no aprendemos no crecemos.

Un pasó más sería la escucha activa, es decir, escuchar no sólo las palabras sino también los sentimientos, pensamientos e ideas del que nos habla. La escucha activa es comprender y entender a la otra persona además de escucharla.

Saber escuchar de verdad no es tener la capacidad innata de oír lo que dicen los demás, sino que es más bien dejar de oír nuestras propias palabras para escuchar con atención plena. El Dalia Lama decía: "Cuando hablas, sólo repites lo que ya sabes, pero cuando escuchas quizás aprendas algo nuevo". Las personas que viven en un proceso constante de desarrollo personal son personas que escuchan más que hablan. Se suele decir además que por eso tenemos dos orejas y una boca, para escuchar más y hablar menos. El mayor de los problemas es que en muchas ocasiones no escuchamos para entender, sino que escuchamos para contestar. Hay personas que ya tienen una respuesta o un comentario antes de escuchar todo lo que tienes que decirles.

Cuando tenemos una comunicación de verdad con procesos de escucha activa es cuando realmente escuchamos lo que no se dice con palabras. Habrás oído muchas veces esa frase que dice: 'hay que leer entre líneas', frase que recoge el verdadero éxito de escuchar de verdad. Las personas que hablan mucho siembran, pero las personas que principalmente escuchan, cosechan.

Escuchándote sólo a ti mismo no llegarás lejos. Esto no significa eliminar el diálogo interior el cual es tan importante como saber escuchar a los demás. Severo Catalina y Del Amo, político y escritor español, decía: "La curiosidad que pregunta, oye lo que se propone saber. La curiosidad que escucha llega a saber muchas más veces más de lo que se propuso oír". Cuando estas abierto a la escucha te nutres de conocimiento que no esperabas recibir. La escucha activa te regala sabiduría.

Con la escucha activa mejora la concentración ya que ponemos todo nuestro foco en entender y comprender las palabras y los sentimientos del que nos habla. La escucha activa transmite confianza a nuestro interlocutor que se siente atendido y apreciado. Escuchar con todos los sentidos permite estrechar lazos y relaciones tanto personales como empresariales.

Cuando escuchas de forma activa, regalas algo de ti que tu interlocutor es capaz de percibir y agradecer.

300, 2006

"El miedo siempre está presente, pero aceptarlo te hace más fuerte"

Desde la terapia Gestalt, el miedo es una emoción básica. El miedo es una señal informativa de que me siento amenazado por alguien o por algo. Sin miedo no podríamos sobrevivir. Nuestro mayor miedo es dejar liberar todo nuestro potencial. Tenemos un miedo atroz a ser como realmente somos de verdad y a dejar salir de nuestro interior todas nuestras capacidades.

Nuestros miedos son las barreras que nos impiden acercarnos a lo que cada uno de nosotros denomina felicidad. Marianne Williamson, escritora y oradora espiritual americana, decía: "Nuestro miedo más profundo no es no estar a la altura. Nuestro miedo es que somos muy poderosos. Es nuestra luz, no nuestra oscuridad, la que nos asusta. El disminuirse no le sirve al mundo, no hay sabiduría en encogerse para que otros no se sientan inseguros a nuestro lado. Todos nacemos para brillar como hacen los niños. No es cosa de unos pocos, sino de todos, y al dejar que nuestra propia luz brille, inconscientemente damos permiso a otros para hacer lo mismo. Al liberarnos de nuestro propio miedo, nuestra presencia libera automáticamente a otros".

El miedo siempre está presente. Todo lo que hacemos y lo que no hacemos está envuelto por el miedo. Tenemos miedo a equivocarnos, miedo al qué dirán, miedo a lo que te dice la gente que te rodea, miedo a nuestros jefes, miedo a aprender algo nuevo, miedo a cambiar, miedo a hacer las cosas diferentes a los demás, miedo a todo.

La clave en la gestión del miedo no reside en evitarlo sino en comprenderlo. Cuando comprendemos el miedo empezamos a aceptarlo como algo natural y cada vez nos hará menos daño. El miedo nos destruye, nos envejece. Facundo Cabral decía: "Nos envejece más la cobardía que el tiempo, los años sólo arrugan la piel, pero el miedo arruga el alma".

Socialmente nos acobardamos en muchas situaciones debido a que damos más importancia a integrarnos grupalmente que a dejar aflorar todas nuestras cualidades. El miedo que se esconde detrás del qué dirán es el mismo miedo que nos impide alcanzar nuestras metas. Somos los primeros que tenemos un miedo atroz a sentir el propio miedo. Gabriel García Márquez, escritor y periodista colombiano, decía: "Tengo miedo de tener miedo".
No deberíamos nunca sentirnos mal por ser nosotros mismos y mucho menos por desarrollar todo el poder interior que poseemos. Es nuestra obligación crecer como personas y como profesionales lo máximo posible. Si lo conseguimos, permitiremos además que otras personas también lo pongan en práctica.

Tu fortaleza se encuentra en la aceptación y gestión de tus miedos.

PODEROSA AFRODITA, 1996

"Cuando sonríes el mundo sonríe contigo"

Suelen decir que la vida es como el eco, todo que das lo recibes. Cuanto más sonriente eres más sonrisas recibes, cuanto más generoso eres más generosos se vuelven los demás contigo y cuanto, más ayudas a los demás, más te ayudan a ti. Deepak Chopra, escritor y conferencista hindú, decía: "Toda relación es una relación de dar y recibir. El dar engendra recibir y el recibir engendra el dar". No es ser egoísta pensar qué si das, recibirás. Dar lleva implícito recibir y viceversa. Normalmente las relaciones se rompen o se pierden porque una de las partes da más que el otro. Cuando uno da de forma constante y no recibe del otro es una relación cansina y acaba por romperse. El amor se acaba cuando no se da y se recibe de forma recíproca y con la misma intensidad. Emma Goldman, anarquista lituana de origen judío y famosa por sus escritos libertarios y feministas, decía: "Si en el amor no sabes cómo dar y recibir sin restricciones, no es amor, sino una transacción que nunca deja de insistir en más o menos". A los que les va muy bien en la vida se preguntarán ¿por qué tengo que empezar a dar si hasta ahora me ha ido muy bien y no he compartido tanto? Pues la respuesta es sencilla, dar genera felicidad, genera incluso más felicidad que recibir. José Narosky, escritor argentino, decía: "Hay que dar con los ojos cerrados y recibir con los ojos abiertos".

¿Habéis observado qué es lo que ocurre cuando vais a ese organismo, empresa o tienda habitual a tramitar una gestión, y donde siempre te atiende una persona seria y enfadada, y le preguntáis algo personal con una gran sonrisa? Lo primero que ocurrirá es que le romperéis todos los esquemas y lo segundo que os devolverá sin quererlo de forma natural una sonrisa y también un comentario amable. Dar es regalar algo de uno mismo y cuando se regala algo sin esperar nada a cambio el subconsciente de la otra persona así lo percibe, y por tanto, actúa en consecuencia. Al final dar, es lo más parecido a sembrar, siembras lo que quieres recoger. No esperes recibir buenos gestos y alegría si todo el día estás de mal humor. Erich Fromm, psicólogo social y filósofo humanista de origen judío alemán, decía: "El carácter mercantil está dispuesto a dar, pero sólo a cambio de recibir; para él dar sin recibir significa una estafa".

Cada vez que tienes una buena actitud para con los demás la vida te recompensará. Si no te gustan las cosas que recibes cambia rápido lo que das. Las personas extraordinarias son personas a los que la vida recompensa de forma extraordinaria. Podríamos decir que dar y recibir para vivir una vida plena y feliz, guardan el mismo equilibrio que inhalar y exhalar cuando se trata de respirar. Todo lo que salga de tu interior tarde o temprano regresará de nuevo a ti, así que las personas no deberíamos preocuparnos tanto por lo que vamos a recibir sino por lo que vamos a dar.

BUSCANDO A NEMO, 2003

"Cuando la vida te da un golpe, ¿sabes qué tienes que hacer? Sigue nadando."

No pares nunca de avanzar. Si no avanzas retrocedes. Si te quedas parado también retrocedes. No te pongas excusas para no ir siempre hacia delante. Suelen decir de forma coloquial: "No des un paso para atrás ni para coger impulso". Cada vez que no das un paso hacia delante podrás mirar a tu alrededor y comprobar que sigues exactamente en el mismo lugar.

Las empresas estancadas, o que cierran, son empresas poco innovadoras y poco creativas donde año tras año repiten las mismas gestiones y los mismos procesos de trabajo. Son ese tipo de empresas dónde las personas contratan a personas para decirles lo que tienen que hacer y para explicarles que las cosas 'siempre se hacen así'. Por el contrario, las empresas que progresan y que destacan contratan a personas para que les digan qué cosas tiene que mejorar y dónde se les permite dar rienda suelta a su imaginación. Si te preguntas por qué tu empresa sigue en el mismo sitio o se va quedando atrás, pregúntate qué libertad das a las personas que la forman para que aporten su valor esencial que son su conocimiento y sus valores.

No tengas miedo nunca de avanzar hacia tus objetivos, los verdaderos miedos deberían ser no ir hacia delante y quedarse en el camino. Martin Luther King, pastor estadounidense de la iglesia bautista, decía: "Si no puedes volar entonces corre, si no puedes correr entonces camina, si no puedes caminar entonces arrástrate, pero sea lo que hagas, sigue moviéndote hacia delante". Si siempre sigues hacia adelante a pesar de las dificultades eres un valiente, ya que los valientes no son personas que no tienen problemas, sino que son personas que a pesar de ello siguen avanzando.

No pienses que no puedes avanzar más, siempre se puede un poco más. Lo primero que nos falla siempre es la cabeza antes que las facultades. Es por ello que cuando tu mente te pueda tira de corazón y de pasión. Paulo Coelho, novelista brasileño, decía: "Nunca te rindas. Cuando tu corazón se canse, camina sólo con tus piernas, pero sigue adelante". En los momentos difíciles, que los hay, y en los momentos de cansancio, que los habrá, debes controlar tu forma de pensar. Si controlas tu mente controlarás tu cuerpo y si controlas tu cuerpo controlarás tus acciones para seguir avanzando. No importa lo que pase, debes seguir avanzando hasta que se acabe la vida, debes seguir caminando. Avanzar siempre no significa no hacer pausas, pero eso sí, las pausas se deben utilizar para saber a dónde dirigirse, pero nunca para retroceder.

No dejes que nadie te desanime. Incluso cuando te dan 'una patada en el trasero' te empujan hacia delante. Seguir siempre hacia delante no significa vencer siempre, pero si significa no darse nunca por vencido.

EL GUERRERO PACÍFICO, 2006

"La felicidad es una cualidad evasiva. Si la buscas, no la encuentras"

Hay personas que continuamente van buscando el fin de las cosas como objetivo, es decir, los momentos finales. Son personas que se olvidan por completo que la felicidad no está en el 'fin' sino en el 'mientras'. Parece como si de forma constante estuviesen esperando a conseguir algo concreto para alcanzar la felicidad. La felicidad se encuentra por tanto en los pequeños momentos y en la intensidad con la que vivimos cada uno de ellos. Deberíamos trabajar como si no necesitásemos dinero, tendríamos que amar como si nunca nos hubieran herido y deberíamos bailar como si nadie nos estuviera mirando. El mayor problema para vivir felices es que tratamos de definir lo que es la felicidad. La felicidad no tiene una definición concreta. Uno sabe perfectamente qué es lo que le llena y lo que le hace feliz. Lo que a unas personas les hace feliz no tiene que ser lo mismo que lo que les hace feliz a otras personas. La felicidad no es una meta a alcanzar ni algo que debamos encontrar fuera de nosotros mismos. La felicidad la encontraremos en nuestro interior cuando tengamos claro lo que nos llena de verdad y lo que nos hace completamente felices. Lisel Mueller, poeta estadounidense, decía: "No esperes los buenos momentos para ser feliz. Sé feliz y los buenos momentos vendrán". Cuando tú eres feliz atraes la felicidad a tu alrededor.

Tendemos a definir la felicidad como una única cosa. Podríamos decir sobre ello que la felicidad no existe y lo que existen son las infinitas felicidades. Nuestra felicidad está compuesta por cantidad de momentos de nuestro día a día que nos van haciendo personas felices. Aunque suene un poco tópico, las empresas felices con personas felices suelen ser las empresas más creativas y exitosas. La felicidad es interior y no exterior. Marilyn Monroe, actriz estadounidense, decía: "La felicidad está dentro de uno, no al lado de nadie". Por tanto, la felicidad no depende de lo que poseemos sino de lo que somos y cómo vivimos cada momento. ¿Cuándo uno encuentra la felicidad interior? ¿cuándo una persona puede decir que cada uno de sus días es feliz? ¿cómo saber cuándo se ha vivido una vida feliz? Pues como decía Mahatma Gandhi, pensador y político hinduista indio: "La felicidad se alcanza cuando lo que uno piensa, lo que uno dice y lo que uno hace están en armonía".

Muchas veces cuando nos apasionamos por lo que hacemos encontramos la felicidad. Jean Paul Sartre, filósofo y escritor francés y exponente del existencialismo y marxismo humanista, decía: "La felicidad no es hacer lo que uno quiere, sino querer lo que uno hace". Cuando somos capaces de vivir y trabajar en lo que nos gusta estamos más cerca de nuestra propia felicidad.

La felicidad es una decisión que cada uno de nosotros debemos tomar cada mañana.

ATRAPADO EN EL TIEMPO, 1994

"No importa lo que pase mañana o el resto de mi vida. Ahora soy feliz porque te quiero"

Se ama en el tiempo presente y se quiere en el ahora. Vivimos demasiado preocupados de lo que sucederá, mientras la vida sucede a nuestro alrededor. Cuando amas algo de verdad todo lo demás toma forma irrelevante. Cuando quieres a alguien con pasión no hay ayer ni mañana en el que pensar, todos tus sentidos están en el ahora.

Amar a alguien no es simplemente querer, es más bien comprender que somos distintos y amar las diferencias. Leo Tolstoi, novelista ruso, decía: "Cuando amas a alguien, lo amas como es, y no como quisieras que sea". No podrás ser feliz si relacionas el 'querer' con el 'cambiar al otro'.

Aunque parezca egoísta, amarse a uno mismo es el paso previo para amar a los demás. La felicidad tiene que ver mucho con quererse a uno mismo y con querer a los demás. Es necesario aprender a amar cada una de las acciones que realizamos en nuestro día a día. Amar lo bueno y lo malo que nos sucede, disfrutar y querer cada momento.

Muchas veces se nos olvida que no es suficiente con pensarlo, no basta con saber que se quiere de verdad. Debemos decir 'te quiero', 'te amo' o 'te adoro' a todas aquellas personas a las que amamos de verdad, ya que un día será tarde y nos arrepentiremos de ello. Vamos por la vida amando en el pensamiento, pero sin convertirlo en realidad.

Si amar y ser amado te da la felicidad ¿por qué hay tanta gente que no es feliz? Pues porque para amar de verdad hay que darlo todo, hay que dejar de ser un 'yo' para pasar a ser un 'nosotros', hay que sumar más que restar y hay que saber que quererse tendrá sus altibajos como una montaña rusa.

Pero lo que está claro es que si no das el 100% para amar, no amarás de verdad, y por tanto no serás plenamente feliz. Fiódor Dostoyevski, uno de los principales escritores de la Rusia zarista, decía: "Hay que querer hasta el extremo de alcanzar el fin, todo lo demás son insignificancias".

Toda preocupación se hace pequeña cuando quieres y eres correspondido. Todo con amor se afronta mejor. Los problemas duran menos cuando hay amor. Hay que amar a los demás, pero también amar lo que se hace.

Las empresas grandes suelen estar formadas por personas que aman su trabajo. La pasión es clave en el amor. Si no te apasionas, no darás todo y no serás realmente feliz.

Querer y ser querido te acerca a tu felicidad.

EXTRAS

EN BUSCA DE LA FELICIDAD, 2006

"Nunca dejes que nadie te diga que no puedes hacer algo. Ni siquiera yo. Si tienes un sueño, tienes que protegerlo. Si alguien no puede hacer algo te dirá que tú tampoco puedes. Si quieres algo, ve a por ello. Punto."

Los sueños se han de perseguir. No duermas sólo para descansar, duerme para soñar, porque los sueños están hechos para cumplirse. El soñar despierto es el primer paso para la definición y posterior cumplimiento de tus objetivos. Si no sueñas, no mejoras. Hay que luchar contra nosotros mismos para perseguir nuestros sueños, pero sobre todo hay que lidiar con los demás. Siempre podrás, a pesar del que dirán. Facundo Cabral, cantautor, escritor y filósofo argentino, decía: "No digas que no puedo ni en broma porque el inconsciente no tiene sentido del humor, lo tomará en serio y te lo recordará cada vez que lo intentes".

Cuando alguien se sienta incapaz de perseguir grandes retos te trasladará que tú tampoco puedes. Aunque suene mal decirlo, hay ocasiones en las que no hay que escuchar tanto a los demás y hay que escucharse más a uno mismo. Probablemente cuando vengan los resultados te dirán: 'qué suerte', 'qué fácil lo has tenido' o 'cómo te han ayudado para conseguirlo'. La única verdad será que luchaste por conseguirlo con determinación y perseverancia. En tus últimos días, te arrepentirás de no haber perseguido tus sueños y te arrepentirás de no haber tenido el coraje y el valor suficiente para enfrentarte a los demás y perseguir tus metas. Julio Verne, escritor, poeta y dramaturgo francés, decía: "Cualquier cosa que un hombre puede imaginar, otros hombres lo pueden hacer real".

Estamos rodeados de personas tóxicas y negativas que con sus miedos nos dirán que nosotros tampoco podemos conseguir todo aquello que ellos no se atreven a perseguir. A veces las personas negativas están en la propia familia o en los grupos de amistades cercanos. Es importante rodearse de personas que nos animen en nuestros proyectos por complicados que estos parezcan de conseguir. Los ánimos frente a la negatividad, nos dan alas para alcanzar un puesto en la empresa, para captar un nuevo cliente o para cambiar de vida.

Las personas exitosas siempre tienen algo en común, pusieron pasión para alcanzar su propio éxito personal. Las personas que alcanzan grandes metas son personas con una gran autoestima, pero también con una gran pasión. Georg Wilhelm Friedrich Hegel, filósofo alemán, decía: "Nada grande se ha hecho en el mundo sin una gran pasión".

EL EXÓTICO HOTEL MARIGOLD, 2011

"Al final todo va a acabar bien. Y si no acaba bien es que aún no es el final"

Somos nosotros y nuestros pensamientos los que limitamos nuestras acciones. Todo tiene siempre un final adecuado. Si conseguimos tener un pensamiento más positivo tendremos mejores resultados. Pensar positivamente, ser optimista, no es pensar que todo se puede conseguir. Se trata más de desarrollar procesos de optimismo inteligente donde poniendo el ejemplo del vaso con agua. lo importante no es si está medio lleno o medio vacío, lo verdaderamente importante es todo lo que puedo hacer para seguir llenando el vaso cada día. Los optimistas inteligentes siempre tienen un plan de acción que tarde o temprano les permitirá alcanzar sus resultados. Hay que tener cuidado porque los pensamientos positivos pueden ser nuestro peor enemigo si no están centrados en la realidad.

Cuando creas que algo no tiene solución lo mejor es viajar al pasado y comprobar que todo aquello que te preocupó en su momento ya se ha difuminado. Da igual si fue importante, doloroso o difícil, al final todo se ha superado. Y si todavía no lo has superado o has caído tanto que crees que no puedes salir de esa situación, recuerda que siempre puedes recuperarte y buscar un final feliz. Tom Bodett, autor norteamericano, decía: "Un optimista se ríe para olvidar. Un pesimista se ha olvidado de reír". Lo que más daño nos hace es nuestra forma de pensar. Somos nuestros pensamientos. Nuestros pensamientos nos ayudan a crecer o nos hunden por completo. Las personas que lograron el éxito son personas con una forma de pensar y una mentalidad exitosa.

Pensar de forma positiva se puede entrenar igual que cualquier otra habilidad o actitud. Si ves más el lado positivo de las cosas actuarás con más ilusión y te centrarás en las soluciones en vez de en los problemas. William James, psicólogo estadounidense y fundador de la psicología funcional, decía: "El pesimismo conduce a la debilidad; el optimismo te conduce al poder". Esta forma de pensar te va ayudar a no quedarte estancado en las dificultades y a salir fortalecido de las mismas.

No debes lamentarte por todo aquello que se terminó y sin embargo debes sonreír y dar gracias porque sucedió en su momento. Toda experiencia suma, suma lo positivo y suma lo negativo. Nadie se ha hecho grande desde el pesimismo. Hellen Keller, escritora y oradora sordociega estadounidense, decía: "Ningún pesimista ha descubierto el secreto de las estrellas, ni ha navegado por mares desconocidos, ni ha abierto una puerta al espíritu humano".

Creer que todas las cosas tienen solución no es optimismo sino talento.

TIPS DESARROLLO PERSONAL

"Cuida tus pensamientos, porque se convertirán en tus palabras. Cuida tus palabras, porque se convertirán en tus actos. Cuida tus actos, porque se convertirán en tus hábitos. Cuida tus hábitos, porque se convertirán en tu destino." Mahatma Gandhi

"Apunta a la luna. Incluso si fallas llegarás a las estrellas" Les Brown

"Hijo mío, la felicidad está hecha de pequeñas cosas: un pequeño yate, una pequeña mansión y una pequeña fortuna" Groucho Marx

"Si quieres ser feliz aprende a disfrutar de las cosas sencillas" Bob Marley

"El miedo es mi compañero más fiel, jamás me ha engañado para irse con otro" Woody Allen

"El miedo a la muerte se deriva del miedo a la vida. Un hombre que vive plenamente está dispuesto a morir en cualquier momento" Mark Twain

"Lo mejor de la vida son las ilusiones" Honoré de Balzac

"Mi mayor ilusión es seguir teniendo ilusiones" José Narosky

"¿La ilusión? Eso cuesta caro. A mí me costó vivir más de lo debido" Juan Rulfo

"No te detengas en el pasado, no sueñes con el futuro, concentra tu mente en el presente" Buda Gautama

"Sueña como si fueras a vivir para siempre, vive como si fueras a morir hoy" James Dean

"Cuida el presente porque en él vivirás el resto de tu vida" Facundo Cabral

"La vida es aquello que nos va sucediendo mientras nos empeñamos en hacer otros planes" John Lennon

"Desciende a las profundidades de ti mismo y logra ver tu alma buena. La felicidad la hace solamente uno mismo con una buena conducta" Sócrates

"Cuando tienes que tomar una decisión y no la tomas, eso es en sí mismo una decisión" William James

"El odio es la muerte del pensamiento" Tomas Abraham

"Si exageráramos nuestras alegrías como hacemos con nuestras penas, nuestros problemas perderían importancia" Anatole Francois Thibault

"La forma más elevada de inteligencia humana es la capacidad de observar sin juzgar" Jiddu Krishnamurti

"Es absolutamente imposible encarar un problema humano con una mente carente de prejuicios" Simon de Beauvoir

"Es más fácil desintegrar un átomo que un prejuicio" Albert Einstein

"Los prejuicios son la razón de los tontos" Voltaire

"El prejuicio es el hijo de la ignorancia" William Hazlitt

"La educación autodidacta es, creo firmemente, el único tipo de educación que existe" Isaac Asimov

"Recordad que el secreto de la felicidad está en la libertad, y el secreto de la libertad en el coraje" Tucídides

"Ser libre no es sólo desamarrarse las propias cadenas, sino vivir en una forma que respete y mejore la libertad de los demás" Nelson Mandela

"Ante la adversidad hay dos caminos: crecer o morir" Jorge González Moore

"La adversidad es nuestra madre mientras que la prosperidad sólo es nuestra madrastra" Barón Montesquieu

"En la adversidad conviene muchas veces tomar un camino más atrevido" Lucio Anneo Séneca

"Yo ante la adversidad me crezco y siempre he convivido con la presión de las expectativas. No me da miedo eso" Pau Gasol

"La vida está diseñada para ser una historia de logros a pesar de la adversidad, porque en ausencia de adversidad los logros no podrían existir" Jim Rohn

"En los contratiempos, sobre todo, es en donde conocemos todos nuestros recursos, para hacer uso de ellos" Quinto Horacio Flaco

"Nada es más peligroso que resolver problemas transitorios con soluciones permanentes" Nicolás Gómez Dávila

"El primer paso para resolver un problema es reconocer que existe" Zig Ziglar

"La capacidad de comprender el poder de las emociones en el trabajo es lo que diferencia a los mejores líderes" Daniel Goleman

"Sólo se vive una vez, pero una vez es más que suficiente si se vive bien" Woody Allen

"El tiempo es limitado, así que no lo pierdas viviendo la vida de otra persona" Steve Jobs

"La vida no trata de encontrarse a uno mismo, sino de crearse a uno mismo" George Bernard Shaw

"El talento gana partidos, pero el trabajo en equipo y la inteligencia ganan campeonatos" Michael Jordan

"Los buenos equipos acaban por ser grandes equipos cuando sus integrantes confían los unos en los otros lo suficiente para renunciar al 'yo' por el 'nosotros'" Phil Jackson

"Los grandes logros de cualquier persona, generalmente dependen de muchas manos, corazones y mentes" Walt Disney

"Sólo se volverá clara tu visión cuando puedas mirar en tu propio corazón, porque quién mira hacia fuera duerme y quién mira hacia adentro despierta" Carl Gustav Jung

"El verdadero viaje del descubrimiento no consiste en ver nuevos paisajes, sino en mirar con nuevos ojos" Marcel Proust

"La amistad es más difícil y más rara que el amor, por eso hay que salvarla como sea" Alberto Moravia

"Un verdadero amigo es el que entra cuando el resto se va" Walter Winchell

"La amistad duplica las alegrías y divide las angustias por la mitad" Sir Francis Bacon

"Si el presente trata de juzgar el pasado, perderá el futuro" Winston Churchill

"No te preocupes por las personas de tu pasado hay una razón por la que no llegaron a tu futuro" Paulo Coelho

"Si quieres vivir alegremente no te preocupes por el pasado" Johann Wolfgang Von Goethe

"Un día alguien te va a abrazar tan fuerte, que todas tus partes rotas se juntarán de nuevo" Alejandro Jodorowsky Prullansky

"Si uno quiere ser mañana una gran empresa, debe empezar a actuar hoy mismo como si lo fuera" Thomas John Watson

"Actuar es fácil, pensar es difícil, pero actuar según se piensa es aún más difícil" Johann Wolfang Von Goethe

"El que aprende y aprende y no practica lo que sabe es como el que ara y ara y no siembra" Platón

"Actuar es crear, inventar; es encontrar, dar, una forma de descubrir. Al crear descubro" Martin Buber

"El verdadero honor consiste en darlo todo por una causa cuando ésta parecía perdida" Gilbert Keith Chesterton

"La vida no es peligrosa. No por las personas que hacen el mal sino por las que se sientan a ver lo que pasa" Albert Einstein

"La incertidumbre es una margarita cuyos pétalos nunca se terminan jamás de deshojar" Mario Vargas Llosa

"Siempre tienes dos opciones: tu compromiso frente a tu miedo" Sammy Davis Jr.

"No es suficiente con querer, te tienes que preguntar qué es lo que vas a hacer para conseguir lo que quieras" Franklin Delano Roosevelt

"Tienes que dar el 100% en la primera mitad del partido. Si eso no fue suficiente, entonces en la segunda mitad tienes que dar lo que te quede" Yogi Berra

"El destino reparte cartas y tu juegas la mano que te ha tocado. No gimotees, no te quejes" John Maxwell Coetzee

"Un hombre que se atreve a desperdiciar una hora, no ha descubierto el valor de la vida" Charles Darwin

"La vida misma se desperdicia mientras nos preparamos para vivir" Ralph Waldo Emerson

"He aprendido a no convencer a nadie. El trabajo de convencer es una falta de respeto, es un intento de colonización del otro" José Saramago

"El que tiene fe en sí mismo no necesita que crean en él" Miguel de Unamuno

"Quién dedica tiempo a mejorarse a sí mismo, no tiene tiempo para criticar a los demás" María Teresa de Calcuta

"La sonrisa es como un espejo, te sonríe si tú le miras sonriendo" Mahatma Gandhi

"Si alguna vez no te dan la sonrisa que esperas, se generoso y da la tuya, porque nadie tiene tanta necesidad de una sonrisa como aquel que no sabe sonreír" Mahatma Gandhi

"Nunca dejes de sonreír, ni siquiera cuando estés triste porque nunca sabes quién se puede enamorar de tu sonrisa" Gabriel García Márquez

"Una determinación invencible puede lograr casi cualquier cosa y en esto radica la gran distinción entre los grandes hombres y los comunes" Thomas Fuller

"La diferencia entre lo imposible y lo posible radica en la determinación de un hombre" Tommy Lasorda

"La capacidad humana es infinita, lo necesario para materializarla es la determinación" Jorge González Moore

"Lo que es verdaderamente inmoral es haber desistido de uno mismo" Clarice Lispector

"La vida es el más maravilloso cuento de hadas" Hans Christian Andersen

"Qué maravillosa ha sido mi vida, ojalá me hubiera dado cuenta de ello antes" Sidoine-Gabrielle Colette

"Hay momentos en la vida que valen años" Doménico Cieri Estrada

"Yo hago lo imposible, porque lo posible ya lo hace cualquiera" Pablo Ruiz Picasso

"Todos queremos lo que no se puede. Somos fanáticos de lo prohibido" Mario Benedetti

"Todo parece imposible hasta que se hace" Nelson Mandela

"Si quieres trabajadores creativos, dales tiempo para jugar" John Cleese

"Educar la mente sin educar el corazón, no es educar en absoluto" Aristóteles

"Los líderes verdaderamente efectivos se distinguen por su alto grado de inteligencia emocional que incluye la autoconciencia, la autorregulación, motivación, empatía y habilidades sociales" Daniel Goleman

"Soy muy consciente de que estoy recibiendo buena prensa en el momento que podría estar recibiendo mala prensa. No puedo aceptar lo bueno y olvidar lo malo. Tienes que aceptar las dos cosas" Damon Hill

"Me gusta estar totalmente vestida, o si no totalmente desnuda. No me gustan las medias tintas" Marilyn Monroe

"A medida que crezcas descubrirás que tienes dos manos, una para ayudarte a ti mismo y otra para ayudar a los demás" Audrey Hepburn

"La mejor manera de tener lo que quieres es ayudar a otros a tener lo que quieren" Deepak Chopra

"Lo más persistente en la vida y la pregunta más urgente es ¿qué estás haciendo por los demás?" Martin Luther King

"El futuro pertenece a aquellos que creen en la belleza de sus sueños" Eleanor Roosevelt

"Todos nuestros sueños pueden convertirse en realidad si tenemos la valentía de perseguirlos" Walt Disney

"La vida es generosa con aquellos que persiguen sus sueños" Paulo Coelho

"La autoestima es la reputación que adquirimos de nosotros mismos" Nathaniel Branden

"Nunca bajes la cabeza. Siempre mantenla alta. Mira al mundo a la cara" Helen Adams Keller

"La religión de todos los hombres debería ser creer en sí mismos" Jiddu Khrishnamurti

"Sabemos lo que somos, pero aún no sabemos lo que podemos llegar a ser" William Shakespeare

"El miedo es una muralla que separa lo que eres de lo que podrías llegar a ser" David Fischman

"La cueva a la que te da miedo entrar contiene el tesoro que buscas" Joseph John Campbell

"Amar es arriesgarse a que no le quieran. Esperar es arriesgarse a sentir dolor. Intentar es arriesgarse a fracasar. Pero hay que arriesgarse. Porque lo más peligroso en esta vida es no arriesgar nada" Leo Buscaglia

"Sólo aquellos que se atreven a arriesgar mucho pueden lograr mucho" Robert Kennedy

"Sólo aquellos que se arriesgan a ir demasiado lejos pueden descubrir hasta dónde pueden llegar" Thomas Stearns Eliot

"El futuro tiene muchos nombres. Para los débiles es lo inalcanzable. Para los temerosos lo desconocido. Para los valientes es la oportunidad" Victor Hugo

"Pregúntate si lo que estás haciendo hoy te acerca al lugar en el que quieres estar mañana" Walt Disney

"Me gustan más los sueños del futuro que la historia del pasado" Thomas Jefferson

"El mejor modo de predecir el futuro es inventándolo" Alan Kay

"El destino es el que baraja las cartas, pero nosotros somos los que jugamos" William Shakespeare

"Yo soy el dueño de mi destino, soy el capitán de mi alma" William Ernest Henley

"A veces buscamos lo que todavía no estamos preparados para encontrar" Libba Bray

"La pasión es energía. Siente el poder que proviene de centrarte en lo que te emociona" Oprah Winfrey

"Es bueno amar tanto como se pueda, porque ahí radica la verdadera fuerza. El que ama mucho, realiza grandes cosas y se siente capaz. Lo que se hace por amor está bien hecho" Vincent Van Gogh

"La única manera de realizar un trabajo genial es amar lo que haces" Steve Jobs

"No hay fin. No hay comienzo. Sólo hay pasión por la vida" Federico Fellini

"Renunciar a mi pasión es como desgarrar con mis uñas una parte viva de mi corazón" Gabriele D'Annunzio

"Disfruta de las pequeñas cosas, porque tal vez un día vuelvas la vista atrás y te des cuenta de que eran las grandes cosas" Robert Breault

"Todo el mundo trata de realizar algo grande, sin darse cuenta de que la vida se compone de pequeñas cosas" Frank Clark

"En el rocío de las pequeñas cosas, el corazón encuentra su mañana y toma su frescura" Gibran Jalil Gibran

"El pasado es un fantasma, el futuro es un sueño y lo único que siempre tenemos es el ahora" Bill Cosby

"El milagro no es caminar por el agua. El milagro es caminar sobre la tierra verde en el presente para apreciar la belleza y la paz de la que se dispone ahora" Thich Nhat Hanh

"Algunos están dispuestos a cualquier cosa, menos a vivir aquí y ahora" John Lennon

"Nunca es demasiado tarde para ser lo que podrías haber sido" George Eliot

"Nunca es tarde para el arrepentimiento y la reparación" Charles Dickens

"Conserva lo que tienes, olvida lo que te duele, lucha por lo que quieres, valora lo que posees, perdona a los que te hieren y disfruta de los que te aman. Nos pasamos la vida esperando que pase algo, y lo único que pasa es la vida. No entendemos el valor de los momentos, hasta que se han convertido en recuerdos. Por eso, haz lo que quieras hacer, antes de que se convierta en lo que te gustaría haber hecho. No hagas de tu vida un borrador, tal vez no tengas tiempo de pasarlo a limpio. Nunca es tarde para empezar a ser felices" Bob Marley

"Vivimos en el mundo cuando amamos. Sólo una vida vivida para los demás merece la pena ser vivida" Albert Einstein

"Cuando una cosa merece la pena, incluso merece la pena hacerla mal" Gilbert Keith Chesterton

"La clave para la inmortalidad es principalmente vivir una vida que valga la pena recordar" Bruce Lee

"La lucha siempre vale la pena si el fin vale la pena y los medios son honestos" Steven Brust

"Un plan no es nada, pero la planificación lo es todo" Dwight David Eisenhower

"La planificación a largo plazo no es pensar en decisiones futuras, sino en el futuro de las decisiones presentes" Peter Ferdinand Drucker

"Tu naciste siendo un ganador, pero para ganar debes planear ganar, estar preparado para ganar y esperar ganar" Zig Ziglar

"Para tener éxito la planificación sola es insuficiente. Uno debe improvisar también" Isaac Asimov

"La empatía es la que nos convierte en arquitectos de nosotros mismos, para salir del yo al tú, aceptarlo, amarle, desearle felicidad y procurársela en lo posible. La empatía es la que hace posible la socialización, porque ayuda al yo a humanizarse, a enriquecerse y a lograr una convivencia mutuamente constructiva y gratificante con el tú, y de ahí llegar al nosotros social del todo para todos" Bernabé Tierno

"La empatía es la capacidad de pensar y sentir la vida interior de otra persona como si fuera la propia" Heinz Kohut

"La capacidad de colocarse en el lugar del otro es una de las funciones más importantes de la inteligencia. Demuestra el grado de madurez del ser humano" Augusto Cury

"Todos percibimos la realidad de diferente forma y en función de cómo la percibimos, actuamos" Albert Einstein

"Un optimista ve una oportunidad en toda calamidad, un pesimista ve una calamidad en toda oportunidad" Winston Churchill

"El primer paso para la solución de los problemas es el optimismo. Basta creer que se puede hacer algo, para tener ya medio camino hecho y la victoria muy cercana" John Robert Baines

"El optimismo puede ser nuestro peor enemigo cuando no está anclado en la realidad" David Fischman

"El pesimista se queja del viento, el optimista espera que cambie y el realista ajusta las velas" William George Ward

"La acción es la llave fundamental de todo éxito" Pablo Picasso

"La forma de empezar es dejar de hablar y empezar a actuar" Walt Disney

"Los amateurs esperan sentados a que les llegue la inspiración. Los demás directamente nos ponemos a trabajar" Stephen King

"Nadie puede llegar a la cima armado sólo de talento. Dios da el talento, el trabajo transforma el talento en genio" Anna Pávlova

"El talento consiste en cómo vive uno la vida" Ernest Miller Hemingway

"Para progresar no basta actuar. Hay que saber en qué sentido actuar" Gustave Le Von

"La contemplación a menudo hace la vida miserable. Debemos actuar más, pensar menos y no preocuparnos demasiado" Nicolas Chamfort

"Cuando dudes de actuar, siempre entre hacer y no hacer escoge hacer. Si te equivocas tendrás al menos la experiencia" Alejandro Jodorowsky

"El que no es lo suficientemente valiente para tomar riesgos, no va a lograr nada en la vida" Muhammad Ali

"La gloria no consiste en no caer nunca, sino más bien en levantarse las veces que sea necesario" Mario Benedetti

"El que no ha caído no sabe cómo es posible levantarse" Aleksandr Kuprín

"Sentir es un pensamiento extravagante" Fernando Pessoa

"Es literalmente verdad que puedes tener éxito y más rápido al ayudar a otros a tener éxito" Napoleon Hill

"Formar parte de la sociedad es un fastidio, pero estar excluido de ella es una tragedia" Oscar Wilde

"Todo el mundo quiere pertenecer, o ser parte de algo más grande que ellos mismos, pero es importante que sigan su corazón y sean fieles a sí mismos en el proceso" Emily Giffin

"Ir juntos es comenzar, mantenerse juntos es progresar. Trabajar juntos es triunfar" Henry Ford

"No puedes controlar todas las situaciones de tu vida, pero si puedes controlar todas las actitudes hacia esas situaciones" Zig Ziglar

"Si tus acciones inspiran a otros para soñar más, aprender más, hacer más y cambiar más, tu eres un líder" John Quincy Adams

"En pocas palabras, un líder es un hombre que sabe adónde quiere ir, se pone de pie y va" John Erskine

"El hábito es como un cable; nos vamos enredando en él cada día hasta que no nos podemos desatar" Horace Mann

"Paso a paso. No concibo ninguna otra manera de lograr las cosas" Michel Jordan

"Fe es dar el primer paso, aunque usted no vea el final de la escalera" Martin Luther King

"No hay nada como imaginar para crear el futuro, ya que lo que hoy es una utopía será carne y sangre mañana" Julio Verne

"Si crees en los sueños estos se cumplirán porque creer y crear sólo están a una letra de distancia" Albert Einstein

"Un sueño no se hace realidad mágicamente; se necesita sudar, determinación y trabajo duro" Colin Powell

"Nuestros complejos son la fuente de nuestra debilidad, pero con frecuencia, son también la fuente de nuestra fuerza" Sigmund Freud

"Lo más peligroso de todas las debilidades es el temor a parecer débil" Jaques Bénigne Bossuet

"La debilidad es bien sabido que llega a ser, de cuando en cuando, mucho más violenta y cruel que la energía de la voluntad verdaderamente firme y segura de sí misma" Antonio Cánovas del Castillo

"Los que dicen que algo es imposible no deberían molestar ni interrumpir a los que lo están haciendo" Thomas Alva Edison

"¿Que sería de la vida si no tuviéramos el valor de intentar algo nuevo?" Vincent Van Gogh

"Hay que intentar ser el mejor, pero nunca creerse el mejor" Juan Manuel Fangio

"Nunca tuve un día de trabajo en mi vida, todo era diversión" Thomas Alva Edison

"Cuando el trabajo no constituye una diversión, hay que trabajar lo indecible para divertirse" Enrique Jardiel Poncela

"Sobre todo recuerde divertirse. Eso lo mantiene a usted y a sus compañeros entusiasmados y motivados" Richard Branson

"El único deber es el deber de divertirse terriblemente" Oscar Wilde

"La diversión es como un seguro, cuanto más viejo eres más te cuesta" Friedrich Schiller

"Lo más importante en la comunicación es escuchar lo que no se dice" Peter Ferdinand Drucker

"El liderazgo es una forma de pensar, una forma de actuar y, sobre todo, una forma de comunicarse" Simon Sinek

"La primera necesidad es comunicarse" María Teresa de Calcuta

"El problema más grande de la comunicación es la ilusión de que ha tenido lugar" George Bernard Shaw

"La confianza, como el arte, nunca proviene de tener todas las respuestas, sino de estar abierto a todas las preguntas" Earl Grey Stevens

"Si no tienes confianza siempre encontrarás una forma de no ganar" Carl Lewis

"La confianza en sí mismo es el único vestuario que no te puedes comprar" Grant Cardone

"Lo que más me abruma no es que me hayas mentido, sino que ya no podré confiar más en ti" Friedrich Wilhelm Nietzsche

"El éxito es ir de fracaso en fracaso sin desesperarse" Winston Churchill

"El fracaso es la mejor forma de empezar de nuevo con más inteligencia" Henry Ford

"Cada fracaso nos enseña algo que necesitamos aprender" Charles Dickens

"No te avergüences nunca de tus fracasos, aprende de ellos y comienza de nuevo" Richard Branson

"No hay secretos del éxito. Éste se alcanza preparándose, trabajando arduamente y aprendiendo del fracaso" Colin Powell

"La primera y más simple emoción que descubrimos en la mente humana es la curiosidad" Edmund Burke

"La vejez empieza cuando se pierde la curiosidad" José Saramago

"Es un milagro que la curiosidad sobreviva a la educación reglada" Albert Einstein

"Si perdemos la curiosidad no hay nada; no hay reflexión y, por tanto, no hay conocimiento y no hay ninguna posibilidad de saber, de llegar al final de algo. Sin curiosidad directamente no estas vivo" Luis Eduardo Aute

"Yo no podría, a ninguna edad, ser feliz estando sentada junto a la chimenea y simplemente mirar. La vida fue propuesta para ser vivida. La curiosidad debe mantenerse viva. Uno no debe, por ninguna razón, volverle la espalda a la vida" Eleanor Roosevelt

"Si quieres vivir una vida feliz átala a una meta, no a una persona o a un objeto" Albert Einstein

"Hemos aprendido a volar como los pájaros y a nadar como los peces, pero no hemos aprendido el sencillo arte de vivir juntos como hermanos" Martin Luther King

"Vive como si fueras a morir mañana. Aprende como si fueras a vivir siempre" Mahatma Gandhi

"Esperar que la vida te trate bien porque seas una buena persona, es como esperar que un tigre no te ataque porque seas vegetariano" Bruce Lee

"Aprende del pasado, prepárate para el futuro, pero vive el presente" Joyce Meyer

"Sólo existen dos días al año dónde no se puede hacer nada. Uno se llama ayer y otro se llama mañana. Por lo tanto, hoy es el día ideal para amar, crecer, hacer y principalmente vivir" Dalai Lama

"La vida es ahora. Nunca hubo un solo momento en que tu vida no fuera ahora y tampoco lo habrá" Eckhart Tolle

"Debes vivir en el presente, impulsarte con cada ola, encontrar tu eternidad en cada momento. Los tontos se mantienen de pie en su isla de oportunidades mientras miran a otros territorios. No hay otro territorio, no hay otra vida sino ésta" Henry David Thoreau

"Creer es más fácil que pensar. De ahí la razón de que haya más creyentes" Albert Einstein

"No pienses mal nunca de nadie. Pensar mal es la mejor manera de que las buenas obras de los demás no te sirvan de edificación" Thomas Carlyle

"El pensamiento positivo te dejara hacer mejor cualquier cosa que el pensamiento negativo" Zig Ziglar

"Cuando veas a un hombre bueno, piensa en imitarlo; cuando veas uno malo, examina tu propio corazón" Confucio

"Una vez que reemplazas los pensamientos negativos por pensamientos positivos, usted comienza a tener resultados positivos" Willie Nelson

"No es la dificultad la que impide atreverse, pues de no atreverse viene toda la dificultad" Arthur Schopenhauer

"Correr riesgos es fundamental. Nada es más importante que la experiencia." Paulo Coelho

"Una dificultad deja de serlo tan pronto como sonrías ante ella y la afrontes" Robert Baden-Powell

"Cuanto mayor es la dificultad mayor es la gloria" Marco Tulio Cicerón

"Tenía la oportunidad de ir por dos caminos, pero elegí el camino menos transitado" Robert Lee Frost

"Si usted quiere tener éxito debe actuar por nuevos caminos, en lugar de recorrer los caminos gastados del éxito aceptado" John D. Rockefeller

"Para abrir nuevos caminos, hay que inventar, experimentar, crecer, correr riesgos, romper las reglas, equivocarse y divertirse" Mary Lou Cook

"A veces perder es ganar y no encontrar lo que se busca es encontrarse" Alejandro Jodorowsky

"La costumbre de ver el buen lado de cada cosa vale una fortuna. Todas las cosas tienen un lado bueno y un lado malo y si sólo consideramos lo malo, nos parecerá que estamos en un mundo insoportable" Noel Clarasó

"Entre las dificultades se esconde la oportunidad" Albert Einstein

"Intentar, intentar y seguir intentando es la regla que debe seguir para convertirse en un experto en cualquier cosa" William Clement Stone

"Para que pueda surgir lo posible es necesario intentar una y otra vez lo imposible" Hermann Karl Hesse

"Donde hay paz y meditación no tienen cabida la ansiedad y la duda" San Francisco de Asís

"De la meditación brota la sabiduría" Buda Gautama

"Los pensamientos que elegimos tener son las herramientas que usamos para pintar el lienzo de nuestras vidas" Louise Hay

"Mira siempre el lado bueno de la vida" Elmore John Leonard Jr.

"Para leer lo bueno es necesario no leer lo malo, porque la vida es corta y el tiempo y las fuerzas limitadas" Arthur Schopenhauer

"La peor decisión es la indecisión" Benjamín Franklin

"En cualquier momento de decisión, lo mejor que puedes hacer es lo correcto, la mejor cosa siguiente es lo incorrecto y lo peor que puedes hacer es nada" Theodore Roosevelt

"Yo no soy un producto de mis circunstancias, soy un producto de mis decisiones" Stephen Covey

"Tomar buenas decisiones es una habilidad crucial en cada nivel" Peter Ferdinand Drucker

"La disciplina es el mejor amigo del hombre, porque ella le lleva a realizar los anhelos más profundos de su corazón" María Teresa de Calcuta

"La verdadera disciplina no se impone. Sólo puede venir del interior de nosotros mismos" Dalai Lama

"La disciplina es el puente entre las metas y el éxito. Todos tenemos que sufrir uno de dos dolores: el dolor de la disciplina o el dolor del pesar. La diferencia está en que la disciplina pesa unas cuantas onzas, y el pesar, toneladas" Jim Rohn

"Cada grano de arena es una joya esperando ser descubierta" Dr. Gary Greenberg

"Ser uno mismo en un mundo que constantemente trata de que no lo seas, es el mayor de los logros" Ralph Waldo Emerson

"La belleza comienza con la decisión de ser uno mismo" Coco Chanel

"El trabajo en equipo es la habilidad de trabajar juntos hacia una visión común. Es el combustible que le permite a la gente normal lograr grandes resultados" Andrew Carnegie

"Yo hago lo que tú no puedes y tú haces lo que yo no puedo. Juntos podemos hacer grandes cosas" María Teresa de Calcuta

"Son tres cosas las que le diría a un equipo para ayudarlo a mantenerse unido. Cuando algo resulta mal 'yo lo hice', cuando algo resulta más o menos bien, 'nosotros lo hicimos' y cuando algo resulta realmente bien 'ustedes lo hicieron'" Paul Bryant

"No hay viento favorable para el barco que no sabe adónde va" Lucio Anneo Séneca

"Establecer metas es el primer paso para convertir lo imposible en posible" Anthony Robbins

"Nunca se es demasiado viejo para fijarse otra meta o para soñar otro sueño" Les Brown

"La gente que dice que la vida no vale la pena están equivocados, porque lo que realmente están diciendo es que no tienen metas que valgan la pena. Fíjate una meta por la que valga la pena luchar sin parar. Siempre ten una lista de metas por lograr, cuando completes una, sigue con otra" Maxwell Maltz

"Cada día me miro en el espejo y me pregunto: si hoy fuera el último día de mi vida ¿querría hacer lo que voy a hacer hoy? Y si la respuesta es no por demasiados días seguidos sé que tengo que cambiar algo" Steve Jobs

"El que pone el control de su vida fuera de sí mismo tiene más dificultad para reinventarse o para superar las situaciones" Luis Rojas Marcos

"Renovarse o morir" Miguel de Unamuno

"El verdadero progreso consiste en renovarse" Alejandro Rodolphe Vinet

"Todos necesitamos renovarnos. La rutina y el cansancio nos muerden a todos. Caen polvo y telarañas sobre los más sagrados ideales. La escoba, el trapeador y el sacudidor son herramientas que, de cuando en cuando, debemos usar para volver a ser, volver a vivir, volver a sentirnos nuevos y frescos" Mariano de Blas

"Algunas cosas del pasado desaparecieron, pero otras abren una brecha al futuro y son las que quiero rescatar" Mario Benedetti

"Los analfabetos del siglo XXI no serán aquellos que no sepan leer o escribir, sino aquellos que no sepan aprender, desaprender y reaprender" Alvin Tofler

"El aprendizaje es experiencia, lo demás es información" Albert Einstein

"Lo maravilloso de aprender algo es que nadie puede arrebatárnoslo" B.B. King

"Soñar despierto es cultivar la creatividad oculta de nuestro olvidado niño interior" Gonzalo Tamayo

"Atrévete a soñar la vida que has soñado para ti mismo. Ve hacia delante y haz que tus sueños se hagan realidad" Ralph Waldo Emerson

"El mundo necesita soñadores. Pero, sobre todo, el mundo necesita soñadores que hacen" Sarah Ban Breathnach

"Lo esencial es estar en paz con uno mismo" Voltaire

"A través de la paz interior se puede encontrar la paz mundial. Aquí la responsabilidad individual es bastante clara ya que la atmósfera de paz debe ser creada dentro de uno mismo" Dalai Lama

"Debemos usar el tiempo sabiamente y darnos cuenta de que siempre es el momento de hacer las cosas bien" Nelson Mandela

"He aprendido una cosa, nunca sabes lo que la vida te depara" Hilary Swank

"La vida nunca nos depara lo que queremos en el momento apropiado. Las aventuras ocurren, pero no puntualmente" Edward Morgan Foster

"Hemos de estar siempre preparados para las sorpresas del tiempo" Paulo Coelho

"La vida es una serie de sorpresas" Ralph Waldo Emerson

"Lo que se hace rápido no dura. Las cosas grandes de la vida se han hecho despacio. Y es difícil que te enseñen eso" Morante de la Puebla

"Disminuye la velocidad y disfruta de la vida. No es sólo por el paisaje que te pierdes por ir demasiado rápido sino porque también pierdes el sentido de a dónde vas y por qué" Eddy Cantor

"Quise vivir profundamente para no darme cuenta, en el momento de morir, de no haber vivido" Henry David Thoreau

"El presente es un momento fugaz, aunque su intensidad lo haga parecer eterno" Marguerite Yourcenar

"La vida depende de la intensidad con la que se vive, no de su extensión" Emil Ludwig

"Si quieres tener éxito tienes que aprender a enfocarte" Robert Kiyosaki

"No deberías enfocarte en por qué no puedes hacer algo, que es lo que la mayoría de la gente hace. Debes concentrarte en por qué quizás tu puedes ser una de las excepciones" Stephen Case McConell

"Nuestras acciones hablan sobre nosotros tanto como nosotros sobre ellas" George Eliot

"El comportamiento es un espejo en el que cada uno muestra su imagen" Johann Wolfgang Goethe

"No tratéis de guiar al que pretende elegir por sí mismo su propio camino" William Shakespeare

"La vida sería imposible si todo se recordase. El secreto está en saber elegir lo que debe olvidarse" Roger Martin Du Gard

"Cada quién es un ser único en el mundo. Lo que se necesita es el coraje de ser uno mismo. En cada persona que vemos caminando por la calle hay un genio en potencia" Alberto Machado

"Porque nadie puede saber de ti. Nadie puede crecer por ti. Nadie puede buscar por ti. Nadie puede hacer por ti lo que tú mismo debes hacer. La existencia no admite representantes" Jorge Bucay

"El principal problema de este mundo es que los tontos y los fanáticos siempre están seguros de ellos mismos, mientras que la gente inteligente anda llena de dudas" Bertrand Russell

"La duda es uno de los nombres de la inteligencia" Jorge Luis Borges

"El único límite a nuestros logros de mañana está en nuestras dudas de hoy" Franklin Delano Roosevelt

"Jamás dejes que las dudas paralicen tus acciones. Toma siempre todas las decisiones que necesites tomar, incluso sin tener la seguridad o certeza de que estás decidiendo correctamente" Paulo Coelho

"Las dudas no se superan, convives siempre con ellas" Rafa Nadal

"La duda es el principio de la sabiduría" Aristóteles

"Hay dos tipos de personas: los que son capaces de abrir su corazón a los demás y los que no. Tú te encuentras entre los primeros" Haruki Murakami

"El egoísmo verdaderamente inteligente consiste en procurar que los demás estén muy bien. Para que, de este modo, uno esté algo mejor" Oscar Wilde

"El egoísmo no es vivir como uno desea vivir, es pedir a los demás que vivan como uno quiere" Oscar Wilde

"La humildad es la raíz de todas las virtudes, porque es la absoluta carencia de egoísmo, el progenitor y el productor de todos sus vicios" Nilakanta Sri Ram

"El que quiera vivir tranquilo sus días, que no se fije en los que son más felices que él, sino en los que son más miserables" Lorenzo Pignotti

"No es riqueza ni esplendor sino tranquilidad y ocupación lo que te da felicidad" Thomas Jefferson

"Cualquier persona puede sostener el timón cuando el mar está en calma" Publilio Siro

"Más de un rio tranquilo comienza como una cascada turbulenta, sin embargo, ninguno se precipita ni se agita durante todo el camino hacia el mar" Mihaíl Lérmontov

"Cuando hablas, sólo repites lo que ya sabes, pero cuando escuchas quizás aprendas algo nuevo" Dalia Lama

"La curiosidad que pregunta, oye lo que se propone saber. La curiosidad que escucha llega a saber muchas más veces más de lo que se propuso oír" Severo Catalina y Del Amo

"Nuestro miedo más profundo no es no estar a la altura. Nuestro miedo es que somos muy poderosos. Es nuestra luz, no nuestra oscuridad, la que nos asusta. El disminuirse no le sirve al mundo, no hay sabiduría en encogerse para que otros no se sientan inseguros a nuestro lado. Todos nacemos para brillar como hacen los niños. No es cosa de unos pocos, sino de todos, y al dejar que nuestra propia luz brille, inconscientemente damos permiso a otros para hacer lo mismo. Al liberarnos de nuestro propio miedo, nuestra presencia libera automáticamente a otros" Marianne Williamson

"Nos envejece más la cobardía que el tiempo, los años sólo arrugan la piel, pero el miedo arruga el alma" Facundo Cabral

"Tengo miedo de tener miedo" Gabriel García Márquez

"Toda relación es una relación de dar y recibir. El dar engendra recibir y el recibir engendra el dar" Deepak Chopra

"Si en el amor no sabes cómo dar y recibir sin restricciones, no es amor, sino una transacción que nunca deja de insistir en más o menos" Emma Goldman

"Hay que dar con los ojos cerrados y recibir con los ojos abiertos" José Narosky

"El carácter mercantil está dispuesto a dar, pero sólo a cambio de recibir; para él dar sin recibir significa una estafa" Erich Fromm

"Si no puedes volar entonces corre, si no puedes correr entonces camina, si no puedes caminar entonces arrástrate, pero sea lo que hagas, sigue moviéndote hacia delante" Martin Luther King

"Nunca te rindas. Cuando tu corazón se canse, camina sólo con tus piernas, pero sigue adelante" Paulo Coelho

"No esperes los buenos momentos para ser feliz. Sé feliz y los buenos momentos vendrán" Lisel Mueller

"La felicidad está dentro de uno, no al lado de nadie" Marilyn Monroe

"La felicidad se alcanza cuando lo que uno piensa, lo que uno dice y lo que uno hace están en armonía" Mahatma Gandhi

"La felicidad no es hacer lo que uno quiere, sino querer lo que uno hace" Jean Paul Sartre

"Cuando amas a alguien, lo amas como es, y no como quisieras que sea" Leo Tolstoi

"Hay que querer hasta el extremo de alcanzar el fin, todo lo demás son insignificancias" Fiódor Dostoyevski

"No digas que no puedo ni en broma porque el inconsciente no tiene sentido del humor, lo tomará en serio y te lo recordará cada vez que lo intentes" Facundo Cabral

"Cualquier cosa que un hombre puede imaginar, otros hombres lo pueden hacer real" Julio Verne

"Nada grande se ha hecho en el mundo sin una gran pasión" Georg Wilhelm Friedrich Hegel

"Un optimista se ríe para olvidar. Un pesimista se ha olvidado de reír" Tom Bodett

"El pesimismo conduce a la debilidad; el optimismo te conduce al poder" William James

"Ningún pesimista ha descubierto el secreto de las estrellas, ni ha navegado por mares desconocidos ni ha abierto una puerta al espíritu humano" Hellen Keller

JESÚS MANUEL GÓMEZ PÉREZ

Nací en Bilbao el 25 de Febrero de 1968.

Estoy casado con Mónica, una mujer increíblemente maravillosa con un carácter excepcional y soy padre de cinco hijos fantásticos: Patricia, Sofía, Gonzalo, Beatriz y Natalia.

De cada uno de ellos aprendo todos los días: de Patricia la ilusión por querer hacer cosas como si el tiempo se le escapase de las manos constantemente, de Sofía que cualquier cosa por insignificante que sea se puede realizar con una pasión desmesurada, de Gonzalo que existe una capacidad de concentración más allá de lo establecido en las normas que conocemos, de Beatriz que se puede ser extremadamente buena y que el cariño y el afecto son el camino para conseguir cada una de las metas y de Natalia la enorme y desmesurada pasión por querer aprender y que no tiene fin.

Estudie en el colegio P.P. Jesuitas de Indauchu (Bilbao) y soy Ingeniero Informático por la Universidad de Deusto. Más adelante me forme como MBA Executive en ESIC Business&Marketing School y como Programa superior en Marketing y Comunicación Corporativa en ESIC Business&Marketing School. Soy Facilitador en la metodología Lego® Serious Play® certificado por la Association of Master Trainers de Robert Rasmussen y estudiante universitario en Grado de Psicología por la Uned.

Mi trayectoria profesional inicial pasa por diferentes puestos directivos en empresas líderes del sector de las tecnologías de la información y de la comunicación e Internet.

Más adelante inicio mi actividad como formador en desarrollo personal, motivación y liderazgo para empresas y organismos tanto nacionales como internacionales. Desde entonces, gran cantidad de directivos han asistido a mis conferencias y seminarios motivacionales de alto impacto sobre desarrollo personal.

Con mis talleres creativos sobre liderazgo, autoconocimiento, gestión de equipos, creatividad o desarrollo de negocio entre otros, donde utilizo dinámicas, elementos visuales, juegos y la metodología Lego®

Serious Play® ayudo a las diferentes organizaciones a despertar y potenciar el desarrollo de las personas.

Soy autor del libro "Cuentos para cambiar" con cincuenta y cuatro historias para dormir a los niños, pero para despertar a los adultos, y de los cuentos ilustrados de desarrollo personal "La abeja empecinada", "El secreto del águila" y "El desafío de las ranas" con reflexiones para estudiantes y directivos sobre los beneficios de provocar cambios en nuestras vidas, la importancia de reinventarse de forma continua y el valor para perseguir los sueños.

Soy un apasionado de la formación y me dedico a ello por vocación. Creo enormemente en las posibilidades que tienen todas las personas de crecer y en la importancia de nuestras actitudes y valores personales para desarrollar nuestro enorme potencial. Me encanta trabajar con personas que crean que pueden potenciar y poner en práctica aspectos clave como la pasión, optimismo, automotivación, ilusión y felicidad.

Pienso que la vida es maravillosa. Con pasión y entusiasmo cualquier persona puede encaminar su vida hacia los objetivos que se haya fijado tanto empresariales como personales. Creo que no hay reto imposible. Si hay algo verdaderamente contagioso, eso es el entusiasmo. Si quieres tener personas entusiastas a tu lado, debes proteger a cualquier precio tu pasión e ilusión por las cosas. A mis hijos les insisto en la gran capacidad que tenemos las personas para conseguir nuestros objetivos y que por el hecho de que una vez no conseguimos alguno de ellos, no hay que dejar de intentarlo.

He aprendido que las organizaciones sienten y que las personas suelen tener mucha más capacidad de la que conocen. También he comprobado que cuando las organizaciones están optimistas, las personas despliegan sus mejores aptitudes y habilidades, y viceversa.

Creo que debemos arriesgar mucho más en nuestras vidas profesionales y personales, y que ello nos traerá la verdadera felicidad. No dejar de soñar nunca es una manera de tener siempre ilusiones y de querer reinventarse cada mañana.

De mis conferencias, seminarios y talleres, dicen que son impactantes, motivantes, entretenidos y que transmiten una energía que es contagiosa.

"¿Ser protagonista o no?
Con lo que te conformes
es lo que obtendrás"

Recuerda que puedes tener
más contenidos, ebooks gratuitos y todos mis libros
firmados y dedicados directamente en mi web
www.jesusmanuelgomezperez.com

Me gustaría que compartieras conmigo tu opinión sobre
el libro
info@jesusmanuelgomezperez.com

Si te ha gustado ayúdame a difundirlo
Compártelo, regálalo.

¡Gracias!

www.ingramcontent.com/pod-product-compliance
Lightning Source LLC
Chambersburg PA
CBHW071541200326
41519CB00021BB/6571